寺と仏教の大改革

影山教俊著

国書刊行会

はじめに

現代の日本仏教のありさまを見ていて、この世界の人は自分たちの行く末どころか、自分たちにとって最も大切な宗教的ヴィジョンすら見失っているように感じるのは私だけだろうか。私自身、僧侶となってすでに三〇年以上の歳月が流れているが、この場でこの世界の何が正しくて、何が間違っているかなど、そういうアリバイ作りの議論に荷担するつもりはさらさらない。ただ私が最も大切にしなければならないと感じていることは、日本人の宗教ごとに寄せる気分そのものである。

本書は、そういう日本人の宗教ごとに寄せる気分の変節について、文化史的な視点から解き明かしたものである。その意味では、仏教学や宗教学のように宗教を思想信条として理路整然と解説したものとは異なり、文化史的な事実にもとづき、宗教ごとについて淡々と語ったにすぎない。一見すると思想的な広がりを欠くように見えるが、宗教ごとは日本人の心象に根づいた感性だから、思想信条の枠組みを超えた説得力をもっていると思うのである。

この日本人の宗教ごとに寄せる気分の変節に気づくと、現代仏教は「何か変だぞ!」という部分がハッキリと見えてくる。たとえば、平成二十一年五月二十一日から始まった「裁判員制度」がそれである。この制度にたいして、日本国内でおよそ四五万人の信者を抱えるカトリック中央協議会は、司教ら聖職者約七六〇〇人について、「裁判員に選ばれた場合は原則として辞退することを勧める」とする公式見解をまとめ、また候補者に選ばれた段階でも辞退を申し出るように呼びかけている。その理由は、世界のカトリック信者共通の〝法律〟にあたる「教会法」には、「聖職者は国家権力の行使にかかわる公職に就くことを禁じる」とする規定があるからだという。同協議会はこの規定に抵触すると判断、「過料(十万円以下)を支払ってでも参加しないことを勧める」とまで踏み込み、さらに一般信者については各自の判断に委ねるなど態度を明らかにしている(二〇〇九年六月十八日、日本カトリック司教協議会、裁判員制度に関する公式見解より)。

では仏教界はどうかといえば、死刑制度に反対する真宗大谷派(門徒およそ五五〇万人)は宗派内の議会で、「死刑制度に反対し、裁判員制度の見直しを求める決議」を可決し、

「死刑の判断を下さなかったとしても、死刑判決にかかわったという心の傷は一生癒えない」と指摘している（『毎日新聞』五月三十一日）。この真宗大谷派の態度は現行刑法の死刑制度に反対するということであって、裁判員制度については見直しを求めているだけである。このような真宗大谷派を除いて、一寺院や一住職としての反対表明はパラパラとなされているが、教団としての公式な反対表明はない。逆に、新たな裁判員制度に積極的に参加し社会貢献を果たしましょう、という教団すらある。

このように裁判員制度を切り口にして現代の仏教界を見ているだけでも、なんでハッキリとした態度表明ができないのか、「何か変だぞ！」という気分が頭をもたげてくる。それは、私たち日本人の宗教ごとに寄せる気分が変節しているからである。詳細は本書で明らかにするが、日本仏教は明治時代に僧尼令が廃止されるなど種々の法律改正によって、それまで出家者として扱われていた僧侶が、一般の平民と同様に戸籍や徴兵の義務を担うようになったからである。

本来、僧侶とは仏教の宗教儀礼である出家得度をすることで、士農工商という身分制度の外側に位置づけられていた。まさに出家者だったのである。しかしこれ以降、僧侶は宗教ごとの職能者、宗教ごとを職業とする平民として扱われ、伝統教団も法律に定められた義務を果たすかたちで、僧侶は徴兵され鉄砲を持って戦地へと出兵したのである。この僧侶の徴兵という戦争荷担は、昭和二十年の敗戦までつづいた。

そして、戦後になって民主憲法の下に基本的人権は保障されたものの、日本人の宗教ごとに寄せる気分は変節したまま、僧侶は宗教ごとの職能者、宗教ごとを職業とする国民として扱われている。そのため現代でも明治憲法下と同様に、伝統教団も、僧侶も、法律に定められた義務を果たすことが目的となっていて、仏教本来の目的である「抜苦与楽」の宗教機能は忘れ去られたままである。

これが裁判員制度を切り口にして現代の仏教界を見ていて、「何か変だぞ！」という気分が頭をもたげてくる理由である。これから、この「何か変だぞ！」という印象をきっかけとして、日本人の宗教ごとに寄せる気分の変節を明らかにしていきたい。

これから私が語ることは、現代仏教という切り口から見た仏教文化、宗教文化の実態である。この切り口は現代社会の中で仏教がどう位置づけられ、どう機能しているか、まさに「仏教徒の生き方はいかにあるべきか」の問いかけである。そしてさらに、現代仏教を再生する鍵がそこにあると確信している。

ところで、私の文章には「宗教ごとに寄せる気分の変節」など不器用な表現が散在する。それを「宗教意識の変化」と置き換えれば、言葉としてはきれいにまとまる。しかし、それでは私の言わんとする「宗教ごとは感性の文化だ」ということが伝わらないと思うのである。

日本人にとって宗教ごとは感性の文化だから、そこには「これが正しく、これが誤り」という理性的な判断になじまない気分がある。だからこそ、この「気分の変節」にこだわっているのである。

平成二十一年八月

釈迦寺小庵にて記す　影山　教俊

寺と仏教の大改革 目次

2　日本人の宗教ごとに寄せる気分の変節

装幀：山口マオ

1　現代日本の仏教文化の実態

□宗教ごとについて

日本人の宗教ごとに寄せる気分

現代仏教の再生を具体化するにあたり、まず日本の宗教事情、日本人の宗教ごとに寄せる気分について触れておかなくてはならない。なぜなら、私の目には日本人の宗教ごとに寄せる気分は曖昧模糊《あいまいもこ》としていて、あってもなくてもどちらでもよいもののように映っているからだ。

このことについて、僧侶ばかりか仏教学や宗教学の偉い先生方もほとんど触れていないのが実状である。書店の宗教関連のコーナーを見ても、宗教ごとを思想信条によって理路整然と解説するものばかりで、宗教ごとに寄せる気分についてはすっぽりと抜け落ちている。

この日本人の宗教ごとに寄せる気分が理解できなければ、現代仏教が抱えているさまざまな問題の打開策も効を奏さないはずである。それは現代社会を見れば一目瞭然で、宗教関連の人たちは仏教学や宗教学からの議論にはとても熱心だが、実際の宗教ごとについては「笛吹けども踊り踊らず」のごとく、そんなものはあってもなくてもどうでもよいという世間的な気分が蔓延《はびこ》っているからである。

現代の葬儀法要の実態

およそ世間の方々が宗教ごとに触れるのは、お葬式や年回忌日の法要と相場は決まっている。しかし、その葬儀法要が本当に宗教ごとの儀式なのか、たんなるパフォーマンス（演技）なのかと問われたとき、宗教ごとの伝承者である僧侶さえ、その答えに窮してしまうのが現代社会の宗教事情である。

葬儀法要の席でなされる僧侶の法話を思い起こしていただきたい。法話の上手な僧侶は身振り手振りを駆使して聴衆を魅了するが、世間の方々の受ける印象は、しばらくしてその話を思い出そうとしても、良い話だったことはわかるのだが、さて何の話だったか思い出せない程度のことだという。

なぜそうなるかといえば、理由は簡単である。聴衆は僧侶の話を聞くためにそこに集まったのではなく、亡くなられた故人との別れを惜しむために集まったからである。法話は葬儀法要のセットとしてトッピングされ、宗教儀式がたんなるパフォーマンスへと変節してしまったのである。こんなところにも、宗教ごとに寄せる気分の世間的な感覚と、僧侶の感覚とのずれが露呈している。

さらに、このずれがどう寺と檀家《だんか》の関係に反映しているかといえば、檀家や檀那《だんな》が「お布施をする人（ダーナ）」を意味するように、この世界には僧侶を能化《のうけ》と呼んで教えを説く人、さらに所化《しょけ》と呼んで教えを拝聴する人という言葉が存在する。接待される僧侶と接待する檀信徒、またお説教する僧侶とそれを拝聴する檀信徒という関係が当然であるかのように考えている節がある。

この僧侶と檀家の人間関係は、主従関係のように一方通行の関係で、正常な関係とは言い難い。正常な人間関係は双方通行で、意思の疎通がとれる関係のはずである。詳細は後に明らかになるが、伝統教団の僧侶は、この一方通行で逃げられない檀信徒との関係の中で、とくに戦後六〇年間にわたって檀家が何を考え、何を思っているかに気づかないまま現在にいたっている。社会的に見れば僧侶は、じつに裸の王様そのものなのである。

このように世間の人びとの胸の内に秘められた思いに気づかないために、僧侶が行なう宗教ごとの代名詞である布教教化活動ですら、僧侶のパフォーマンスとして、あってもなくてもよいものとして扱われるようになった。

新興教団の好感度は低い

その間に新興教団は、世間の人びとの胸の内の声を傾聴し、その要請に応じた布教教化の活動を展開し、あっという間に大教団となったのである。しかし、戦後の社会構造の変化によって、伝統教団が衰退し新興教団が大教団へと成長したからといって、その大教団が宗教ごとに寄せる気分の基準になるとは言い難い。公称八〇〇万世帯、一〇〇〇万人以上の会員を有し、政権与党に参画している新興教団もあるが、その教団の世間的な好感度は、なんとパフォーマンス扱いされあってもなくてもよいと思われている伝統教団より低いのである。

このように現代社会の宗教事情は、まことに曖昧模糊としてとらえどころがないのである。とくに宗教ごとはその国の精神文化そのものだから、それがわからなくなったということは、もはや日本人が日本人でなくなったのではないかと、私は危惧するのである。あの忌まわしいオウム真理教の事件以降、現代の日本人には宗教という言葉すらよいイメージで映っていないからなおさらである。

宗教という言葉の意味するもの

また日本人には、この宗教という言葉がなかなか厄介なのだ。なぜなら、私たちが普通に使っている宗教という言葉は、明治時代になって「religion」という外来語の訳語として用いられたものだからである。そもそも宗教という言葉が江戸時代まで意味していたものは、「あなたの宗教は何か」と問われれば、私は日蓮聖人の、あるいは道元禅師の宗旨ですと、宗教とは仏教の宗派的な感覚だった。現代的には宗教の中の仏教という感覚だが、以前は仏教の中の宗教という感覚だったのである。

要するに、現代の私たちが慣例的に用いる宗教と、諸外国、とくにキリスト教文化圏で使われている宗教（religion）という言葉が意味するものとが異なっているのである。日本人の感覚には、キリスト教文化圏のような唯一絶対の神への信仰、「この神さまだけしか拝みません」というニュアンスはない。それとは正反対で、あの神さま、あの仏さまといった具合に、巨石から古木まで、およそ大自然に存在するものは何でも拝めるのが日本人の特徴でもある。

日本人は無宗教か

このような日本人が、一神教的な感覚と八百万の神々的な感覚を混同したままで、一神教の文化圏へと足を踏み入れると、大きな誤解が生じる。今年もゴールデンウィークには五六万五〇〇〇人（JTB予測）余りが海外旅行へと出かけたというが、渡航先で「あなたはどこの国の人か、あなたの宗教は何か？」と問われ、いつもの日本的な感覚で「いやー、とくべつに宗教なんてもってません（無宗教です Irreligion person）」と答えた途端、急によそよそしくされたり、なんともいぶかしい顔をされた経験をおもちの方もあるはずだ。それは同じ宗教という言葉を使っていても、その宗教ごとにたいする感覚がまったく異なっているからである。臆することなく「無宗教です」と言う日本人を見て、日本は金持ちの国だが宗教文化がないのだ、と蔑むような感情が彼らには動いているのである。

宗教教育のあり方

ところで、このように日本人は自然界に存在するものは何でも拝めるために、宗教ごとについてすこぶる寛容に見える。しかし、それは欧米人の目には無宗教的な感覚に映っており、日本社会の内部では信じられないことが横行しているのである。

一例を挙げれば、一般教育の中で実施される宗教教育がそれである。近ごろ教育基本法が改正されて（改正教育基本法、平成十八年十二月二十二日公布・施行）、新たに「宗教に関する寛容の態度及び宗教の社会生活における地位は、教育上尊重しなければならない」と、一般教育の中で宗教教育を実施することが明確に規定されたため、国会でも宗教教育の審議が行なわれている。「参議院・文教科学委員会」では、「小泉顕雄議員」の質問に伊吹文明文部科学大臣がこう答弁している。長い引用になるが、とても印象的なのでお許しいただきたい。

宗教のことについて先生がお尋ねがあったことについてですが、多分先生のお気持ちとしては、政府参考人がお答えしたようなことを聞いておられたんじゃないと思います。先生が所属しておられる宗派についても、例えば天台から法然が浄土を起こし、浄土が親鸞によって浄土真宗になり、浄土真宗がどう分かれてきたか、そんなことを教えるということを聞いておられるんじゃないんですよね。

聞いておられるのは、多分、すべての宗教に共通するのは、自分が命をいただいてこの世に生まれてきた、自分というのはやはり非常にちっぽけなものなんだという謙虚さ、それから同時に、しかしその中に自分が生かされてきたという命の大切さ、これはあらゆる宗教に共通してやっぱり教えておられるものであって、特定宗教の布教目的ではないけれども、人間が生きていく上で基本的に大切な条理のようなもの、これをやはり教えるということは私は当然あっていいことだと思います。特定宗教の布教目的をもって教えるということでなければ、そういう心の在り方を教えるということは何ら間違ったことではありませんし、それは学習指導要領でも別に排除しているものではありません。（平成十九年五月二十九日の「参議院・文教科学委員会」、文部科学省ホームページ「宗教教育」より）

この伊吹文部科学大臣の答弁を要約すれば、「およそ宗教教育というものは、天台宗から法然上人が浄土宗を起こし、浄土宗から親鸞聖人が浄土真宗を起こしたとか、そういう宗教の故事来歴を言うのではない。それはすべての宗教に共通するもので、自分が命をいただいてこの世に生まれてきたこととか、自分というのはやはり非常にちっぽけなものなんだという謙虚さとか、自分自身の出自に関することである」と言っている。

これは宗教ごとについて寛容な日本人の耳には、ごく普通の政治家の発言として、なんの違和感もなく受けとめられるはずだ。しかし、欧米人には神聖な宗教ごとにたいする教育行政の冒瀆《ぼうとく》、許されない越権行為となる。およそキリスト教社会では、一般教育は教育機関の学校で先生方が実施するものであり、かたや宗教ごとはキリスト教の教会で神父さんや牧師さんによって伝えられる神聖な「おこない」という認識だからだ。宗教ごとの専門家は僧侶であって、政治家や教職員の「おこない」ではないということである。まさにそれが政教分離であり、そこには「聖と俗」との明確な分離とまでは言わないが、僧侶の清貧さが担保にされた「おこない」こそ神聖なものであり、それが宗教ごとであるという認識がある。

先の伊吹文部科学大臣の傍線を付した部分は、聞き方によってはまさに有徳な高僧の言葉そのもの、宗教ごととしての神聖な言葉であり、たんなる知識的な認識にとどまってはならない、神に誓って清貧な生き方をしていればこそ説得力をもつ言葉である。だからこそ欧米社会では、宗教ごとは聖職者の「おこない」という認識なのである。

このような認識は欧米社会では徹底しており、医学の分野でも宗教ごとを冒瀆しないように明確に規定されている。それもさほど難しい話ではない。内科や外科は身体の病気を扱うので宗教ごとへの越権行為にはならないが、精神科のように「こころ」の病気を扱おうとすると問題が起きる。「こころ」の問題を扱うのは宗教だから、それはキリスト教教会の仕事であると相場は決まっている。そのため西洋医学では、精神医学の分野を精神身体医学と称して、私たちは「こころ」の病気を扱っているのではなく、脳の病気（身体の病気）を扱っているのですと、医学は身体の病気を扱うもの、宗教ごとは「こころ」を扱うものと明確に区別しているのである。

ＷＨＯの健康の意義の改訂

さらに、この西洋医学の元締めともいえる世界保健機関（ＷＨＯ）は、およそ十年前に全人的な健康対策のために「健康の定義」を改訂し、医学の中に宗教ごとを持ち込むことを模索しはじめた。私たちから見れば、いみじくも現代医学の元締めのような存在が宗教ごとの何たるかを教えてくれているのである。それが宗教的に健やか（a state of well being at spritual levels）という概念である。これが近ごろ流行の「スピリチュアル」ブームの火付け役になったものである。現在、医学が宗教ごとをどのように理解し、どのように扱おうとしているか、興味深いのでその全体を解説しよう。宗教ごとが曖昧模糊としてわからなくなった日本人には、まことに刺激的な内容である。

まず、WHOの健康にたいする定義の要約を挙げておこう。

HELTH is not merely an absence of illness, it is a state of well being at physical, mental, social and spritual levels………WHO

健康とは、肉体に病気がないばかりでなく、肉体的に、精神的に、社会的に、そして、宗教的（霊的）にも健やかな状態である。……WHO

これは今回改訂しようとする健康の定義で、一九九八年の執行理事会から諮《はか》られている文言である。

WHOが健康の定義を改訂し、「宗教的（霊的）にも健やか」という概念を付加し全人的な健康対策を模索する背景には、西洋医学の限界がそこにあるからだ。つまり、現代医療は検査などによってデータ的に病気が発見できなければ病気ではないと診断する。病を診て人を見ないのである。私たちは誰でもあまり体調がよくないと感じたときには、かならず近隣の病院で受診するだろう。しかし、どれほど体調が悪い、不快であると訴えても、病院では検査でデータ的に異常が発見できなければ、「あなたは病気ではない」と帰そうとする。もしそこで「どうしても体調が悪いのです」と訴えれば、不定愁訴《ふていしゅうそ》（よくわからない訴え）として精神安定剤などの向精神薬が処方されて一件落着となる。体調不良の訴えは、その人の意識の問題、「それはあなたの錯覚です」として薬でごまかされることになる。

「宗教的にも健やか」とは

ＷＨＯはこのような現代医療の状況に鑑みて、健康を「肉体に病気がない」こと、検査データに異常のないことを前提に、快食・快便・快眠など「肉体的に健やか」で、また、昇る朝日や沈む夕陽などの自然の営みに感動できるなど「精神的に健やか」で、さらに、人間関係では周囲の人たちの苦楽を共有できるなど「社会的に健やか」な状態であると定義し、病気の前兆である不定愁訴なども含めた健康観を定義してきた。

しかし、これだけの健康の定義だけでは、ターミナル・ケアの現場で加療されている患者さんは、最終的に「不健康な状態」で死を迎えなければならない。つまり、不治の患者さんは不健康になって亡くなる運命を背負うことになる。どんなに頑強で健康な方であっても、生老病死の事実は避けられないのだから、その事実を含めたうえでの健康を認める必要に迫られる。そこで、人の死までも健康的に受容できるように、WHOが「こころ」の問題として「宗教的にも健やか」であることを期待したのである。

日本でも明治時代までは「医者が捨てたら坊主が拾う」という言葉が生きていた。詳細は後述するが、養生医療の現場として機能していた寺院では、不治の病であっても僧侶がその患者さんを宗教的な感性で支え、死を受容する宗教的に健やかな環境が存在していた。肉体に病気があって不健康であっても、宗教的な感性に支えられ自分自身がこの世に生を受けた出自にたいするしっかりとした自己認識があれば、宗教的に健やかであり、健康的に死期を迎えられるというのである。

この「宗教的にも健やか」とは、まさに宗教ごとをどう扱うかという「こころ」の問題であり、自分自身がどのような家族のもとに生を受けたかなど、人生の意味をどう認めるかという出自に関わることである。先のターミナル・ケアの事例ばかりではなく、人は生みの親を知らなければ、それはゆくゆく自分が何に帰属するか、その出自がハッキリしないために人生の節目節目に悩むことになる。肉体に病気がなく、精神的、社会的に健やかであっても、その人が出自に不安があれば宗教的に不健康ということになる。この自分自身の出自が補償され「宗教的に健やか」になれば、私たちは宗教ごとによって健やかに臨終を迎えられるというのである。

これまで日本人は、キリスト教やイスラム教のように「この神さまだけしか拝みません」という一神教的なあり方と比べて、「自然界に存在するものは何でも拝める」という宗教ごとの寛容さを美徳のように感じてきた。しかし、気づいてみるといつの間にか、日本人の宗教ごとに寄せる気分は、曖昧模糊としてあってもなくてもどちらでもよいもののようになっている。このような日本人の宗教ごとに寄せる気分の変節を理解しなければ、現代仏教の再生はままならない。

□なぜ現代仏教の再生なのか

現代仏教は宗教ではないのか

日本人は宗教ごとについてすこぶる寛容だが、実際にはほぼ無宗教的だから宗教ごとがわからなくなっている状態である。そのため日本社会では一般教育の中で宗教教育が行なわれるなど、およそ欧米人から見て信じられないことが横行している。

現代仏教はこのような日本人の無宗教的な感覚の中にあるため、すでに伝統教団であっても宗教教団の体はなく葬儀法要を商品化した職能集団へと変節している。こう言い切ってしまうと、「現代仏教は宗教ではないのか」とお叱りを受けそうだが、私には「現代仏教は葬儀法要を商品化したサービス業そのもの」に見える。その理由はごく簡単で、現代仏教はすでにその公益性が問われる状況にあるからだ。そもそも寺院で営まれる葬儀法要などの経費はお布施と呼ばれ、これまでは宗教行為の公益性に免じて宗教法人枠の非課税となっていた。ところが現在、国税庁はこの葬儀法要のお布施に課税しようと着々と準備を進めている。これは、国税庁が葬儀法要の公益性を認めずに、それを商業活動と見なしたということである。

これにたいして伝統教団は、宗教行為の公益性を楯に「お布施という浄財に課税するのはおかしい」と既得権益を主張するが、社会的なコンセンサスからいえば、葬儀法要が本来宗教ごとであっても、そこに正札がぶら下がって値踏みがある以上、葬儀法要が商品化されたということで、それはサービス業と呼ばれても仕方がないのである。伝統教団からすれば、サービス業という表現はとても過激に聞こえるだろうが、現代仏教は学問化した仏教であり、またキリスト教化した仏教であって、少なくとも日本的な宗教ごととは言い難い代物になっているのだから仕方がないのである。この学問化、キリスト教化については後述する。

納骨されていない遺骨

またある調査によれば、日本国内には諸般の事情で納骨できずに家庭内に保管されている故人の遺骨がたくさん存在し、その数は首都圏だけでも一〇〇万柱とも、二〇〇万柱ともいう。さらに今後、首都圏に限っても年間死亡者数が二四万人を超え、その死亡者の約三割以上が新規に墓地や納骨堂などを探すか、または家庭内に置いたままになるという。昨今は一〇〇年に一度あるかないかの世界的な経済危機の最中だから、経済的な理由で葬儀法要が実施されないばかりか、納骨されない故人の遺骨が増えるつづけることが目に見えている。

このように諸般の事情によって納骨されない故人の遺骨がこれほどたくさん存在し、さらに経済問題などによって納骨されない遺骨が増えつづけることが予想できること自体、すでに日本人の宗教ごとに寄せる気分が変節しているということである。葬送儀礼は宗教ごとというよりは習俗で、社会的な習わしとして分け隔てなく葬送儀礼が行なわれて当然のはずだ。それが諸般の事情、とくに経済問題などによって僧侶を頼めない、納骨する場が確保できないというのであれば、まさに日本人の宗教ごとに寄せる気分が変節したために、葬儀法要までが商品化されたと言っても過言ではない。

宗教学者の仏教応援歌

本書は、このような現代仏教の葬儀法要の商品化を是正し、日本社会に宗教ごとを取り戻すという、現代仏教の再生をめざしている。私の知るかぎり過去に幾人かの新進気鋭の宗教学者が、現代仏教の現状を憂いて、「がんばれ仏教！」とばかりに応援歌を送ってきた。しかし、それでも現代仏教は再生するどころか悪化の一途をたどり、病に譬えれば現在は重篤で危機的な状態である。その病が末期症状を呈していながら、僧侶たちは無自覚だからさらに危機的なのである。先に述べたように、日本人の宗教ごとに寄せる気分が理解できないために、宗教ごとの議論が盛んに行なわれても、世間の人びとは「笛吹けども踊り踊らず」の状態だからである。その応援歌に耳を傾けてみれば、現代仏教は寺を公民館化して公益性を確保し、読経にジャズやロックをコラボレーションするなどイベント化すれば、みんな仲良く仏教興隆と、僧侶たちに受けのよい歌詞が流れている。それはおよそ宗教ごととは言い難い応援歌で、世間的には僧侶のたんなるパフォーマンスとして扱われているにすぎないのである。

ところで、これまで応援歌が効を奏さなかったのは、応援歌の作詞作曲の出来が悪かったからではない。ただ作詞作曲した宗教学者の現代仏教に寄せる期待が大きいために、現代仏教の重篤な病状を見誤ってしまったからに他ならない。詳細は後に明らかになるが、彼らは宗教ごとを学問的に理解し解釈することは専門家だが、宗教家の目から見れば、彼らが宗教ごとを学問的に学ぼうと思った背景には、宗教ごとによって癒され救われたいという心理が動いていたからだとわかる。そのため宗教に期待する思いが大きく、病状を見誤ってしまったのである。単刀直入に言えば、彼らは現代仏教を買いかぶりすぎたのである。世間の宗教ごとに寄せる気分が変節してきた時間的な経緯を文化史的に検証しないまま、現代的な思想信条の言葉で応援歌を送ってしまったのである。

現代仏教の病状

日本人の宗教ごとに寄せる気分を理解するためにずいぶん回り道をしてしまったが、これから文化史的な事実に即して、現代仏教のあちらこちらに見え隠れしている病状を明らかにしていくつもりである。ほんの少し視点を変えて見ただけでも、そこからかいま見える世界から、世間の人びとが抱いている現代仏教にたいするさまざまな疑問点が明らかになるはずだ。

私はサラリーマンの子どもとしてこの世に生を受け、さらに縁をいただいて僧侶となり、さらに一か寺の住職となった。宗教的な理想を追究しながらも、宗教法人で括られている寺院運営を行なうという、およそ二律背反する「宗教ごとと営業ごと」の狭間で悩んできた私の視線からは、現代仏教ばかりではなく、日本人の無宗教化やその伝統的な心象の変節まで見えてくる。

私がこれから語ることは、現代仏教という切り口から見た仏教文化、宗教文化の実態である。この切り口は現代社会の中で仏教がどう位置づけられ、どう機能しているか、まさに「仏教徒の生き方はいかにあるべきか」の問いかけである。

□かいま見る現代仏教のいたたまらない世界

「在家出家」は差別語

衆議院解散までの麻生総理の発言とマスコミの関係を見れば明らかなように、どんな場合でも執拗に追及していけば、さまざまな問題が指摘できるのは当然である。しかし、僧侶として現代仏教の動向を日和見的に見ていても、「何か変だぞ！」という気分が沸々と湧いてくるのはなぜだろう。その気分は理不尽とでも表現したいもので、僧侶という私の立場からすれば、なんともいたたまらない感情が動く。

私はサラリーマンの子どもとして生まれ、さして信仰心の篤い家庭に育ったわけではないが、三十余年前に仏教系の大学で哲学としての仏教（仏教学）を学んだことが機縁で、僧侶として修行の道に入った。仏門に帰依《きえ》したわけだが、僧侶の世界では「在家出家」と呼ばれる僧侶の分際である。じつはこの用語そのものが、僧侶の氏素性にたいする蔑視であることすら、この世界の人びとのほとんどが気づいていない。僧侶の子どもとして育ち寺院暮らしをした者がエリートで、在家から僧侶になった私などは新参者という構図がそこに存在する。

仏教の始祖であるお釈迦さまは、生まれによって差別されるインド社会のカースト制を否定し、この世の不平等からの自由解放を標榜したはずだが、これで現代仏教の僧侶は無自覚であっても、自分自身の立場を選民的な感覚でとらえていることがわかる。

「何か変だぞ!」

このような感覚が災いしているかどうかはわからないが、いま世間の人びとが現代仏教を見る目の高さにも大きな変化が起こっている。寺に在住する僧侶は出家者だから、その生活ぶりは清貧を旨とするのが当然で、肉を食べたり、酒を飲んだり、ましてや結婚までが公的に許されているのは、「何か変だぞ!」と感じているはずである。世間の方々の内心まではわからないが、おそらく「現代だからそれぐらいのことは仕方がない」という感覚で、これまでのところ取り立てて議論されることはなかった。

ところが、このような感覚でいられるほど一般社会は甘くないことに、この世界の人びとも気づきはじめたようで、なにやら騒がしくなっている。やっと気づいたかと思ったが、現代仏教は戦後六十余年に及んだ寺院世界の構造的な変化、端的に言ってしまえば葬儀法要の商品化と、一部の僧侶等による優等寺院（金持ち寺院）の占有化など、寺院世界の根本的な制度疲労が進んでいることに思い至らず、ただたんに今日的な大不況のあおりを受けて、経済的な危機が具体化しているだけだと思っているのである。

戒名問題が沸騰

近視眼的にふり返ってみても、この能天気な状況をものがたる出来事はいくつかあった。記憶を遡ってみると、およそ十余年前になるだろうか、戒名問題がマスコミで大きく取り上げられたことがあった。

『朝日新聞』の「対論―戒名 いる？ いらない？」（一九九七年六月）に、当時浄土宗宗務総長であった成田有恒師と山折哲雄先生の対談の中で、お金で売り買いされるような戒名は無用というような主旨の記事が載ったことがきっかけだった。

成田師は知る人ぞ知るペンネーム「寺内大吉」の名前でテレビ番組のスポーツ中継をお

もしろおかしく解説した直木賞受賞作家で、かたや山折先生は宗教学者で「葬送の自由をすすめる会（一九九一年設立）」の顧問でもある。とくに山折先生が「戒名」は死後褒章（死後に褒め称えるためのもの）という持論を現代仏教の問題として解説したことに、成田師がつい口を滑らせてしまったのが、ことの発端であった。

その年、各宗派の僧侶がボランティアでテレフォン相談にあたっている仏教情報センターでは、「戒名料が高すぎる」とか「料金の根拠がわからない」などの、戒名についての相談が、前年度に比べ倍以上にも増えるほど問題になったという。

それにたいし仏教界では、二人の「戒名」論は「消費者問題の論議」と大して変わらないとか、仏教者としての対談だとしたら恥ずかしいの一語に尽きるなど、その対論が世俗的な消費者問題であって仏教的ではないと批判した。さらには仏教系大学の学者先生を動員し、仏教的に戒名にはこんなに大切な意味があるなどと、戒名問題を学問的に擁護する解説が行なわれた。

しかし、世間の戒名問題にたいする目線は、当然「消費者問題の論議」にありだ。そんな宗教論議より、戒名が高いか安いかというところにあるから、仏教界側がどのように弁明しても、世間とは嚙み合わなかった。そのまま一方的に分が悪くなった仏教界側が、「触らぬ神に祟《たた》りなし」とばかりに沈黙を決め込んでいるうちに、この騒動も世間から忘れられてしまった感がある。まあ戒名問題は、世間的には騒がなければ終息してしまう程度のもので、あってもなくてもどちらでもよいということだった。

世界的な経済危機で問題再燃

ところが、日本社会の経済が安定している間はよかったが、いまごろになって、昨年のアメリカのサブプライムローン発の世界的な経済危機をきっかけに、世間的に忘れ去られてしまったかに見えた戒名問題などが葬送儀礼の問題として、それもまた「消費者問題の論議」として火の手が上がっている。

現代の寺院社会で何が起きているかといえば、檀信徒の寺離れ、葬式離れ、墓離れの三離れが危機感をもって語られ、また都市部では直葬《じきそう》と呼ばれる近親者のみによる火葬が三割を超えるほどになっている。以前から私が調査研究しつづけてきた、現代仏教の「葬儀法要対応型」の寺院運営の問題点が具体的に浮かび上がってきたため、現代仏教に経済的な翳《かげ》りがはっきりと出てきた。大不況のまっ最中、商品化された葬儀法要の社会的な購買力が低下しているということである。

葬儀法要の商品化の理由

寺院社会がなぜ、現在のような「葬儀法要対応型」の寺院運営によって、葬儀法要の商品化を推し進めなければならなくなったか、その理由の一端を挙げておこう。

詳細は後に明らかになるが、戦後の宗教法人法の改正（昭和二十六年新宗教法人法公布）によって伝統教団の伝道体制が崩れたからだ。伝統教団はこの改正とそれ以前に行なわれた農地解放（昭和二十二年）によって経済基盤を奪われたため、寺院運営の経済基盤を葬儀法要からのお布施に依存せざるをえなくなったのである。

さらに、本山と末寺の関係を失った寺院社会は、それまで本山と末寺の関係の中で培われていた故事来歴などの宗教的な伝承性を失ったために、伝統教団といっても単立宗教法人の宗団となった。日蓮宗であれば、包括法人としての宗教法人日蓮宗を組織し、各都道府県に登記された日蓮門下の単立宗教法人寺院を日蓮宗として包括し、全国の管轄区域

（管区）に宗務所を設置し、その管区内（管内）の寺院・教会・結社の統括を図った。それまでの本山と末寺という由緒や故事来歴による寺院運営から、日蓮宗宗制（日蓮宗宗憲・日蓮宗規則・日蓮宗規程）にもとづく法人運営へと大きく転換したのである。

これによって寺院社会では、住職の交代を法灯継承《ほうとうけいしょう》と称しながらも、じつは宗教的な伝承性をともなわない、たんなる宗教法人の役員交代劇がくり広げられているだけで、寺院の父子相続がくり返されたために、ほぼ世襲化してしまった。

とくに優等寺院（金持ち寺）は父子相続によって占有化され、当然のように優等寺院の住職等が包括法人の宗務行政を担うことになり、ついに現代仏教の全体が顧客化された檀信徒のお布施を当てにする「葬儀法要対応型」の運営へと変節し、葬儀法要が商品化してしまったというのがその実態である。

□変節した宗教への感じ方

お伺いを立てて法衣着用する僧侶

新年早々、戦後初めて国会議員が僧侶姿で登院した、と新聞が報じた（『毎日新聞』二〇〇九年一月五日）。記事によると、その議員は浄土真宗本願寺派の特別推薦を受けて参議院議員に当選した寺の住職である。それも事前に参議院議院運営委員会に許可願いを申し出たところ、「法衣もまた伝統的な和装であり、僧侶としての正装である」の旨で全会一致で許可が下りてからの登院だったという。

この記事を読みながら、僧侶の法衣姿はあたりまえ、当然のことなのに、こんなことが記事になるんだ、と漠然と思った。それから数日後、東南アジアの知人たちと会食したとき、そのことが話題になった。すると知人たちは、タイやベトナムなどの仏教国じゃあ、世俗を離れて出家するのに、僧侶が世俗の代名詞みたいな国会議員になること自体がそもそも変ではないか、というところで話が落ち着いた。

仏教といっても、東南アジアのテーラワーダ（上座部）と呼ばれる仏教と現代の日本仏教とは、そもそもその成り立ちが違うので、そのまま比較はできないことはわかっていた。しかし、現代の日本仏教だって仏教である以上、その根っこはどこかでつながっているはずだからと考えてみた。

あたりまえのことだが、仏教では僧侶になるには「出家」しなければならない。僧侶になるには、ちゃんと師匠について得度式をして出家（出家得度）することになる。するとそれを証明する度牒《どちょう》という文書が公布され、僧籍簿に名前が載る。現代の日本仏教の各教団でも僧侶になる場合、おおよそこれと同じ段取りで行なわれるはずである。

この意味では現代の日本仏教でも僧侶になるには「出家」という事実が必須であり、それは世俗を離れることを意味する。だが現代の日本では、世間的にも、寺社会的にも、そういう感覚で出家という言葉は扱われていない。

こう気づいてみると、現代では世間的に僧侶が結婚していること、肉食《にくじき》して酒も飲んでいること、それは仏教の戒律からすればルール違反であるとは誰でも知っている。しかし、実際には「現代だからそのくらいは仕方がない」という気分で処理されている事実がある。このことが、なにかとても妙なことだと気づいた。こんなところにも日本人の無宗教化が顔を出している。

宗教が蔑まれている

それは現代仏教がなにか変だというのではなく、総じて宗教ごとが「現代だからそのくらいは仕方がない」という気分で処理できる日本人の宗教ごとに寄せる気分に、妙なものを感じるのである。そして、人びとの生活ぶりを見ていても、実際に信仰という人としての崇高な「おこない」が、とても蔑まれていることに気づく。それこそ「ねえねえ、あの人なにか信心しているんですって！」という感じに、信仰することが、なにか怪しげなことをするかのように、ひそひそ声で語られていることに違和感を覚えるのは、私だけではないだろう。

このような現代人の姿を見るにつけ、どうして日本人には尊いはずの信仰という「おこない」が、蔑まれた感覚で扱われているのかと考えさせられるのである。それはまた、私の知るかぎり、宗教の専門家である仏教学者から宗教学者まで、さらには宗教ごとの伝承者である僧侶まで、信仰という宗教ごとが「論語読みの論語知らず」のようにわからなくなっているように見えるのはなぜだろう。先の法衣の「参議院議員運営委員会の許可を得る」件などは、その典型ではないだろうか。

オウム真理教事件による変化

また、殺人テロによって世間を震撼させたオウム真理教について言えば、宗教学や仏教学の諸先生によって、「あれは仏教ではない」と学問的な権威のもとに否定され、さらに法務省の見解で宗教法人格が否定されたにもかかわらず、現在でもそこには多くの若者たちが集い、いまでは分派までして名前も変わっているが、オウム真理教と同様の宗教ごとが続けられている。

あのオウム真理教による宗教テロ以降、それまでごく普通に受け入れられていた宗教ごとが、お仏壇に向かい読経する声が周囲に聞こえるだけで、きわめて特殊なことが行なわれているように感じられるようになった。宗教ごとが、「いったい何をやっているのだろうか」というひそひそ話につながっている。

無宗教化して日本人の宗教ごとに寄せる気分が変節したために、宗教ごとの基準が、それまでの「聖と俗、善と悪」から、自分にとって「都合の良いものか、悪いものか」へとスライドしてしまったのである。

困ったときの神頼み

そのため、現代人にとって信仰という宗教ごとのイメージは、困ったときの神頼みというような、なにかにすがりつく感じで、神さまや仏さまを拝んでいれば、ご神仏の特別なお力によって、経済的にも健康的にも幸せになれるような感覚に映っている。

巷で人びとを勧誘する宗教団体は、恥じることなく「ご利益信心」を目玉にして勧誘する。その口上を聞けば、曰く「あの宗派のお経より、この宗派のお経のほうが功徳があるから」と、そこに理屈として思想信条がくどくど付け加わる。あげくのはてに、このお経を信じようが信じまいが、とにかく入信して一生懸命に信仰に励めば、お金が儲かる、病気までも治る、というご利益主義の感覚である。

キリスト教の日本布教の要因

かつて古の日本人は八百万の神々的な感覚で、神社であろうが仏閣であろうが、いろんなものに手を合わせて拝んでいたのである。じつは、このような日本人の宗教ごとにたいする寛容な気分が、フランシスコ・ザビエルをして日本にキリスト教を布教する要因になったという。

その当時、インドネシアのマラッカに日本人のアンジロウ（洗礼名、パウロ・デ・サンタ・フェ）という貿易商がおり、ザビエルはその貿易商と会って、「日本人は非常に純真なんで、いろんなものを同時に手を合わせて拝んでいる。これはちゃんとした宗教を伝えないといけない」ということで、ザビエルは日本にキリスト教を布教に来たという。八百万の神々的な感覚を是正し、唯一絶対の神への信仰、「この神さまだけしか拝みません」という強い信仰を植えつけようとしたのである。

その時代の日本人はいろんなものを同時に拝んでいて、「あれはいけない、これはいけない」と、人の信仰について、あまりくささなかったのである。まさに宗教ごとには寛容だったのだ。

日本人が日本人でなくなる

それが現代ではどうだろうか。どうも信仰という宗教ごとが日本人の精神性の中で、なにかこれまでとは違うもののように扱われはじめている。日本人として自国の宗教文化が理解できなくなっているということは、もはや日本人が日本人でなくなっていることを意味する。

こんなふうに気づいてみると、現代仏教のあちらこちらに妙なところが見えてくる。いったいなぜなのだろうか、と考えさせられる。ここでも、宗教という言葉の背後にある八百万の神々的な感覚と、一神教的な感覚の違いを理解する必要がある。

□現代仏教の変節と日本社会のキリスト教化

「おくりびと」は仏教崩壊の象徴

先日、「おくりびと」という日本の葬送儀礼を題材とした映画が、アカデミー賞の外国語映画賞部門を受賞したことが大々的に報じられた。日本国内でも映画関係者ばかりではなく、多くの人たちがその快挙を褒め称えたが、私の内心には「現代仏教の崩壊元年」として映っていた。

映画をご覧になった方は気づかれたと思うが、あの映画には僧侶の姿がない。「おくりびと」のスクリーンでは、「納棺師」と称する人物と、死者を弔う家族が織りなす機微によって、日本人の宗教性が浮き彫りにされただけである。

映画を見た多くの日本人は、「おくりびと」に感動して涙したことだろう。じつのところ、私も涙した一人だ。あの場面をふり返れば、納棺師の目線はあたかも僧侶そのものであり、納棺師の丁重な納棺という「おこない」によって、妻に先立たれた夫が、あるいは交通事故で子どもに先立たれた家族たちが、その死を受容する姿があった。複雑に絡んだ家族の葛藤が、涙とともに、その儀式の中で肉体は滅び魂は旅立つ、死が受容され癒されていく姿が映し出されていた。

一昔前ならば、その場面には読経する僧侶の姿が映し出されたものだが、もはやそこには僧侶の姿はなく、キリスト教文化で演出された納棺師の姿が人目を引いただけである。もうすでに日本人の宗教ごとに寄せる気分が変節しているために、僧侶の姿が宗教ごとを補償しなくなったということである。寺院社会の人びとにとって、そうは思いたくない、またそうは感じられないだろうが、まさに「おくりびと」の受賞は、現代仏教の崩壊を象徴する出来事なのである。またこの視点で日本社会を眺めれば、日本人全体がキリスト教化していることも見て取れるのである。

日本人のキリスト教化などと言えば、多くの方に「私は仏教徒だ！」とのお叱りを受けそうだが、このキリスト教化というのは文化的な装いについてである。ほとんどの日本人は、自分自身を純粋な日本人であると誇っているが、文化的なあり方はほぼキリスト教化している。「おくりびと」の要となっている納棺師ですら、一見すると日本文化に見る葬送儀礼のように思えるが、意外にもキリスト教文化の儀礼である。

日本人の心象として、「葬儀と性的なこと」は秘めごととして長いあいだ隠されてきた。これは、恥じらいという日本人独特の心象である。落語などで語られる葬儀の雰囲気を思い起こしてほしい。葬儀は通夜と同様に夜ひっそりと行なわれ、数人の親族や近親者らによって運ばれ合同墓地に葬られたのである。それは、死んでしまったら犬にも劣るという死者の恥じらいを気づかう心象でもある。

お別れの儀はキリスト教のもの

現代の葬儀では「お別れの儀」と称し、棺《ひつぎ》の中の故人を会葬者たちに晒《さら》しているが、じつはこの儀式は現代の葬儀社が欧米のキリスト教の葬儀に学んで、その葬送技法を日本の儀礼に取り込んだものだ（厚生労働省認定「葬祭ディレクター技能審査」）。本来、日本人の心象は死者の身体である骸《むくろ》より、魂《たましい》を重んじていたのである。

葬送儀礼を文化史的に見れば、高温多湿のアジアで埋葬された骸は、二年ほどで腐乱して白骨化し土《つち》に帰る。これが年回忌日法要における三回忌（二年と一日）の始まりである。

さらにお米を作る民族は、この高温多湿の自然の豊かな地域に定住し、毎年、同じ時期に同じ作物が収穫される。人の生死にたいする人生観ついても、亡くなった祖父母の魂が生まれ変わって母の胎内に宿り、孫子として生まれてくると感じる。これが魂が生まれ変わるという輪廻《りんね》転生《てんしょう》の始まりである。

しかし、キリスト教をはじめユダヤ教やイスラム教はアブラハムの宗教と呼ばれ、砂漠の宗教である。砂漠の宗教は砂漠の風景を連想すれば一目瞭然だが、動物の死骸は乾燥して日干しになって腐敗することなく残る。骸はミイラとなって残り、その後に魂が戻ってきて甦ると感じる。これがキリスト教の復活信仰の始まりで、身体がないと信仰が始まらない。

そのためキリスト教では、現代では骸となった遺体は葬儀社によって、血液を抜き防腐剤で処理され、たとえバラバラになっても生前のごとくに修復されて、会葬者前に晒されてから埋葬される。彼らにとっては身体が頼りだから、生前のそのまま、生きているがごとくに死に化粧を施さないと不安なのである。

法の下の平等は神の下の平等

こういうことがわかってくると、先の納棺師の「おこない」はまさにキリスト教の葬儀社に見られる葬送儀礼そのもの、キリスト教化した儀礼だと合点がいく。戦後の日本社会は、民主主義という欧米の社会制度によってキリスト教化し、仏教文化の要である魂の輪廻転生を忘れて、生きているうちが華という感覚、元気で、豊かで、長生きが人生の目標になっている。

現在、日本は法治国家であり、法の下における平等が保証されているが、これは本来、聖書に約束された神の下の平等というキリスト教の信仰を、市民革命によって法の下の平等へと、信仰と政治を分離した政教分離の結果によるものである。じつは、こういうことが仏教文化のキリスト教化につながるのであって、日本人の心象を大きく変化させてきた理由である。

さらに、このような仏教文化のキリスト教化を助長し悪循環を生んでいるのが、先の葬儀法要の商品化である。昨今の経済的な事情等によって埋葬されない遺骨が増えつづけていることは、商品化されることのなかった葬儀、死が経済によって差別されることは恥ずべきことであり、醜くなった死者の骸を晒すことは辱めであるといった日本人の心象が変節し、日本人の伝統的な宗教観を支えきれなくなった証拠である。まさに現代の葬儀法要の商品化が、これらの事実をものがたっている。

葬儀法要の儀式はパフォーマンス

このように現代人の宗教ごとに寄せる気分が変節しているために、僧侶によって営まれる葬儀法要の儀式は、すでに宗教ごとではなく、たんにパフォーマンス（演技）と感じられている。

そのため「おくりびと」では僧侶の代役として納棺師が、キリスト教化した納棺の「おこない」を演ずることで、日本人の宗教ごとに寄せる気分が満足したのである。そして、最後の場面で火葬場の火入れ作業が映し出され、日本人の宗教ごとに寄せる気分はクライマックスに達した。日本人の「肉体は滅び、魂は旅立つ」という葬送儀礼は、そこで見事に完結したのである。

アカデミー賞を受賞した理由は、キリスト教化した仏教文化を通じ、骸は火葬にされ、輪廻する魂の行方を暗示したからだといえる。およそキリスト教文化圏では、一部の人を除けば、魂が帰ってきて甦るべき身体を火葬してしまうという野蛮な行為は、想像すらしない恐ろしいことだからである。

先ほどから葬儀法要の商品化について触れているが、キリスト教文化圏では葬儀法要の商品化は当然のことで、故人の富や地位や名声の証として、立派な棺桶など高価な死に装束が用意され、それを葬儀社が一手に仕切っていたのである。それは、埋葬された身体に魂が帰り復活することが前提になっているからだ。

だが日本文化には、明治三十年代になるまで葬儀社はなかった。葬儀に必要だったのは埋葬するための桶屋の座棺だけで、埋葬されれば骸と共に腐りなくなってしまうので、商品化されることはなかった。

それにもまして死が経済によって差別されることとは、日本文化では恥《はずかし》ずべきことだった。さらに醜くなった死者の骸を晒すことは、死者の魂への冒瀆、もしくは辱めであったから、骸は晒されることなく、顔の上には白い晒《さらし》を掛けたほどである。それは、輪廻する魂がもっとも大切だと感じられたからである。

現代仏教の学問化

また、このキリスト教化した現代仏教には、もう一つの特徴がある。それは仏教の学問化である。こう言うと「仏教の学問化だから、良いことではないか?」と反論されそうだが、じつはこの学問化が伝統的な日本仏教を蝕《むしば》みながら、明治時代から一四〇年という長い時間をかけて日本人の宗教ごとに寄せる気分を変節させてきたと言っても過言ではない。

現代では仏教哲学とか、宗教哲学とか、およそ宗教が思想信条で語られることに誰も違和感を抱かない。先に触れたように、いま私たちが日常使っている宗教という言葉は、「religion」という外来語の訳語である。これと同様に哲学も「philosophy」の訳語で、「philosophy」は認識論・倫理学・存在論などから人生の根本原理を追究する学問の総称として用いられた外来語だから、すでに仏教哲学という言葉自体が仏教のキリスト教化をものがたっている。

とくに、この哲学的な思惟を代表する言葉に論理学がある。論理学とはロジック(Logic)の訳語で、どのような推論が正しいかを体系的に研究する学問のことである。そもそもロジックという言葉は、ギリシャ語の「神の言」であるロゴス（Logos）にその語源があり、まさに論理学とは、聖書（神の言葉）などを言語理性によって理解し論証する学問のことである。

キリスト教では、神の経綸《けいりん》は契約書としての聖書にすべて存在すると考える。神の言葉がすべての始まりだからである。聖書に書かれていることは、神の経綸としてこの世に具体化する。そのため契約書である聖書の文言を精確に解釈し、思想信条として哲学化（観念化）することは、神の経綸を知ることであり、それは信仰そのものである。

これが仏教哲学という言葉が、仏教のキリスト教化を端的に示している理由である。先のように戦後の日本社会は、民主主義という欧米の社会制度によってすべてが学問化されることに馴らされたために、私たちの宗教ごとに寄せる気分が変節しキリスト教化していることに気づいていない。それどころか、自分自身を学問化することこそ現代化であるとして、観念的な知識量や情報量を必要以上に増大させ、それを解釈し理解する作業に全能感すら抱いている現実は否めないだろう。

仏教は感性の文化

ところが、本来、日本人が受容した仏教は伝承ごととしての文化であり、それは作法を師匠から学ぶ（まねぶ）という感性の文化である。仏教文化は僧院生活の中で培われてきたからである。そのため、仏教文化は論理学によって理性的に解釈され学問化された瞬間、師匠から学ぶという感性の文化は観念化され、具体性（現実・身体）を失うという運命を背負うことになる。だからこそ仏教文化の学びのあり方は、解釈し理解することを目的とせずに、師に仕えて自分自身を修める信行生活が重んじられ、実践されてきたのである。

たとえば、仏教の専門用語に「一念三千」という言葉がある。これは私たちの「こころ」の中には、喜んだり、悲しんだり、憎んだり、怒ったりするなど、いろんなタイプの心が存在するというものである。

学問化した現代の僧侶にその意味を問えば、私たちの心の中には地獄界から仏界までの十界があり、その十界が互いに他の九界を具足しあっている（十界互具）ので百界、その百界にそれぞれ十の様相（十如是）があるから千の様相（千如是）となり、さらに千の様相に身体的な世界（五蘊世間）と人間関係の世界（衆生世間）と大自然の世界（国土世間）の三つの世界（三世間）のおのおのにわたるので三千の世界となると、「十界×十界×十如是×三世間＝三千」と哲学的に答えるはずだ。

しかし、それを僧院生活から見ると、小僧さんが師匠に一念三千とは何かと問いかければ、師匠は「早朝のお勤めはつらいだろう、眠いだろう、それが一念三千だ」と、僧院生活における「おこない」と「こころ」の関係から、宗教ごとに寄せる気分のコントロール法として答えてくれるはずである。

このような感性に支えられた仏教文化は、あくまで感性的な知のあり方で知るべきであって、それをキリスト教化した文化で理解しようとするのは、木に竹を接ぐようでそぐわないことだと言わざるをえない。現代の日本人はこのような学問化に蝕まれて、ついにはキリスト教化しているのである。

2

日本人の宗教ごとに寄せる気分の変節

□廃仏毀釈に始まる仏教文化の断絶

僧院仏教から在家仏教へ

これまで現代仏教という切り口から見た、日本の仏教文化の実態について述べてきた。これから、この日本人の宗教ごとに寄せる気分の変節を、文化史的な事実から明らかにしていきたい。本書が現代仏教の再生をめざすと言いながら、じつは一つ間違えるとこれはそのまま現代仏教の解体につながることなので、明治の歴史年表を頼りに慎重に論を進めていきたい。

その時代に施行された法令は、現在の私たちから見れば、たんなる歴史的な事実を示す文言である。しかし、その時代に生きた人びとにとって、そこで施行された法令は水中に投げ込まれた石のごときもので、その波紋によって否応なしに現実的な転換を迫られたのであった。

それは法令発布とその波紋を時系列で並べると一目瞭然で、歴史年表は現代の私たちに、伝統仏教のあり方が国家統制によって僧院仏教から在家仏教へと移行するなかで、その時代の人びとが宗教ごとに寄せた気分が変節する経緯を見事に浮き彫りにしてくれている。しかし、その変節の過程が明治維新から現代まで一四〇年という長い時間を経ており、また私たち自身がその波紋に巻き込まれているために、私たちはいままで自分自身の気分が変節していることに気づかなかったのである。

明治維新の神仏分離

現代仏教を見ていて気づく、日本人の無宗教化や宗教ごとに関するさまざまな違和感やいたたまらない気分は、先に葬儀法要の商品化と言い、あるいは仏教のキリスト教化や学問化と言ったが、それはまさに日本の仏教文化の断絶によって生じた気分の変節によるものである。

じつはこの仏教文化の断絶は、いまをさかのぼる一四〇年前の廃仏毀釈《はいぶつきしゃく》によってその幕が切って下ろされた。この仏教文化の断絶過程を見ることで、日本人の宗教ごとに寄せる気分の変節が理解できるのである。

明治維新とは、慶応三年（一八六七）から始まる将軍徳川慶喜の大政奉還（政権を朝廷へ返上する）、明治天皇の王政復古（君主政治体制）の宣言、江戸幕府の倒壊、明治新政府成立（明治元年・一八六八）に到る一連の統一国家形成のことだ。形式的には徳川から朝廷へと政権が移行する過程だが、実質上は封建制から国家統一と資本制への移行であり、それが近代の日本国家への礎となったものである。

それまで仏教寺院（寺社奉行管轄）は、寺請制度《てらうけせいど》によって庶民の戸籍を管理し、宗門人別《しゅうもんにんべつ》によってキリシタンの布教拡大を阻止するなど、徳川幕藩体制の維持に大きく貢献していた。

そして、その時代を代表する仏教とは、奈良時代に始まる神仏習合《しんぶつしゅうごう》の仏教であった。

現在、私たちが当然のように理解している現代仏教の信仰形態は、釈迦如来、阿弥陀如来、大日如来、薬師如来などの本尊信仰や、伝教大師、弘法大師、白隠禅師、道元禅師、法然上人、親鸞聖人、日蓮聖人などの祖師信仰というように、各宗派でそれぞれの信仰形態を主張している。しかし、江戸時代までは仏教独特の本尊信仰ばかりではなく、日本固有の神々の信仰が折衷されたものであり、その信仰形態はいまでは想像がつかないほど多彩だった。

神宮寺という寺号がものがたるように、僧侶が八幡大菩薩（八幡神）や熊野権現（熊野大神）などを勧請し、祝詞《のりと》ではなく経典を読誦し、祈願回向までしていたほどである。とくに大国主命《おおくにぬしのみこと》を大国天《だいこくてん》と呼称し、大黒天として七福神の一つの民間信仰として祭り上げるほどだった。弁財天から稲荷大明神信仰、さらには徳川家康を東照大権現として祭る権現信仰まで、およそありとあらゆるものを拝んでいたのが日本人である。

八世紀末の奈良時代から、このような神仏習合によって培われてきた仏教文化は日本人に不可分に融けこんでいたにもかかわらず、明治政府は大政奉還し、王政復古を実現させるため、あえて神仏分離を断行したというのが、ことの真相である。

日本仏教は国家挙げての宗教

後年、この神仏分離の断行によって、どれほどの文化的な犠牲を払わねばならなくなるかは、この時点で日本人の誰もが予想さえしなかった。周知のように日本が仏教国である縁由は、仏教が国家を挙げて信仰され、日本社会の文化的な発展と維持に大きな役割を果たしてきたからである。とくにその中心に天皇を頂点とする皇族や貴族階級があり、日本仏教は時代を超えた彼らの篤い信仰心によって支えられてきた。

その信仰のあり方は『古事記』や『日本書紀』に記録されたほどで、第三十一代の用明天皇、聖徳太子以来、歴代の天皇や上皇によって受け継がれ、仏教と天皇の関係は不可分のものとなっていた。

たとえば、聖武天皇が深く仏教に帰依した背景には、天平年間に災害や疫病（天然痘）が多発した事実がある。天平十三年（七四一）には国分寺建立の詔《みことのり》を出し、その二年後（七四三）には東大寺大仏の建立の詔を出している。さらに聖武天皇は光明皇后を伴って私度僧（官許を得ずの得度）となったため朝廷から弾劾されたが、その後は大僧正となった行基（六六八～七四九）から菩薩戒を授けられると、皇位を娘の阿倍内親王（孝謙天皇）に譲り初の男性の太上天皇（皇位を後継者に譲った天皇に送られる尊号）となった。

さらにこの孝謙天皇は自らを「三宝《さんぼう》の奴《やっこ》」（仏教のしもべ）と称するほど深く仏教に帰依し、やがて信仰が高じて朝廷に諮らず独断で出家したため、それを知った朝廷が慌てて退位の手続きを取って、藤原仲麻呂が後見する大炊王《おおいのおおきみ》が即位して淳仁天皇となる。その後、孝謙天皇は鑑真和上から正式に授戒され（七五三）、僧形を崩さなかったほどである。

神祇官再興による仏教弾圧

このように天皇は深く仏教に帰依し日本の仏教文化を担ってきたが、明治維新という政治イデオロギーによって、神仏分離が招く罪過を顧みることなく、行政的手腕によって大鉈《おおなた》が振るわれた。

まず初めに、明治新政府は明治元年（一八六八）閏四月に祭政一致による王政復古の象徴として、神祇官《じんぎかん》（神社の元締め）再興を布告し仏教弾圧の旗印とした。

この仏教弾圧のありさまを詳細に追えば、翌十四日に明治天皇が議会制を興すために五箇条の御誓文を宣布し、とくに神仏判然（神仏を明瞭に分ける）令によって神仏混淆《しんぶつこんこう》を禁止したことが鍵となる。

さらに新政府は十七日に神宮寺など神仏習合している神社の僧侶（社僧）ばかりか別当職（社僧代理）まで還俗（一度出家したものが再び俗人にかえる）命令を出している。

さらに二十八日には、最後のだめ押しに神仏分離令を発布し、神社が菩薩・権現・天王などの仏教用語を神号（神祇の別名）とすること、並びに仏像を神体（礼拝の対象）とすることまで禁止してしまった。

この神仏分離令は、廃仏毀釈（仏法を廃し釈尊の教えを棄却すること）をめざしたものではなかったというが、中央政府から発せられた神仏判然令は、地方役人には仏教排撃と受け取られた。そのため全国各地の神社では、一般庶民をも巻き込んだかたちで仏教関係の物件が破壊除去され、地域の仏教寺院が宗派ごとに合寺させられるなど、神仏判然令は廃仏毀釈の運動として全国を席巻することになった。

この時点で、新政府の指導者たちが抱いていた敬神排仏は、廃仏毀釈の方針で伊勢神道を頂点とする神道国教化政策の思惑としてほぼ具体化されていたと言える。

このように、新政府は明治天皇による王政復古（君主政治体制）を樹立するため、仏教公伝以来、ほぼ神仏習合の信仰形態として伝承されてきた仏教文化を、国家権力によって神仏を分離し、一方的に国家神道へと塗り替えていった。

この時代に始まる仏教文化の断絶によって、幕末には四五万か寺を誇っていた仏教寺院数が、廃仏毀釈後は一五万か寺へと激減してしまう。その多くは打ち壊しになったか、近隣の寺と合寺させられたか、打ち壊しを恐れて神宮を名乗ったかであるが、いずれにしてもこの時点から日本人の宗教ごとに寄せる気分が大きく変節したことは明らかである。

このように、現代仏教は自身を仏教と称していても、それは神仏習合の伝統的な日本仏教ではないことを認めなければならない。

□寺院社会の経済的危機と葬式仏教

社寺領の国有地化で大打撃

明治四年（一八七一）の一月五日になると、社寺領の国有地化（社寺領上地令）が布告され、寺院社会にたいする徹底的な弾圧が開始される。社寺上地とは社寺の境内を除く社寺領の国有地化のことであり、この上地に従う見返りとして社寺にはわずかばかりの蔵米（公的な供米）が支給されただけで、寺院社会は経済的に大打撃を被ることになった。

じつはこの上地によって、新政府はこれまで寺社奉行管轄で公的に機能していた寺請制度（戸籍）・宗門人別（キリシタン信徒ではないという証明）などの行政権の剝奪を目論んでいた。

四月四日の「戸籍法改正」によって、それは現実のものとなり、寺請制度・宗門人別帳は廃止された。この時点でそれまで寺院社会が果たしていた「戸籍（寺請）・学校（寺子屋）・法要」の三つの機能の中で、もっとも公的であった「戸籍」が取り上げられ、寺院社会は大混乱に陥った。

また、この大混乱はたんなる経済問題だけにとどまらず、戸籍法によって僧侶も強制的に苗字《みょうじ》を名乗らせられ、事実上、出家のあり方が否定され在家と同様の扱いをされるようになる。

当時の僧侶は、自身の俗姓をたずねて自苗としたり、俗姓がない場合や、つけられた苗字に不服のあった者は、自選して苗字をつけた。「釈氏」などがその一例で、そのほかには仏法や仏寺に縁のある名を選んで苗字としたという。

ところで、このような新政府の横暴に抗議した僧侶も多くいたが、そのほとんどが投獄され、百叩きなどの笞刑《ちけい》（ムチで打つ刑）によって手足を傷つけられ生涯不自由な生活を強いられた者もあった。日蓮宗では、のちに大本山誕生寺の住職になる山本日諦上人は百日間投獄笞刑という厳しい処分で、生涯脚をかばう生活をしたという。

葬儀の大規模化

この大混乱のさなか、十月に「葬儀埋葬法」が制定され、さらにその翌年（明治五年）六月になると、太政官はそれまで管理されることなく自由に行なわれていた庶民の葬儀（自葬）を禁止し、かならず神官・僧侶に依頼するよう布告した。その理由は、「戸籍を削除するためにきちんと葬儀法要を営みなさい」ということだが、じつは富国強兵のために、まず日本国民の総人口を把握し、国民の動向を管理監督するための第一段階として葬儀を管理しようとしたのだ。

これ以降、神官や僧侶による葬儀法要が一般化し、上地令によって経済基盤を奪われた寺院社会は葬儀法要の施収入に大きく依存するようになっていく。葬儀埋葬法などの制定によって、上地令による寺院社会の経済的危機に救いの道が与えられた感がある。

現代仏教では葬儀法要を大変重要視しているが、江戸時代後期まで日本人の葬送儀礼は、死という忌むものは秘めたるものとして、夜にひっそりと行なわれていた。その時代の埋葬にはほとんど座棺が用いられていたため、葬儀に関わる業者といえば、座棺の製作を一手に担っていた桶屋のみであった。落語などで「風が吹けば桶屋が儲かる」というのは、流行病で多くの人が死んだことを伝えている。

しかし、葬儀埋葬法が制定され自葬が禁じられて神官・僧侶への依頼が義務づけられると、富裕層の商人たちの営む葬儀は大掛かりになっていった。

「家」を中心とする祭祀相続の檀家制度へ

とくに明治民法では祭祀財産を家督相続の特権としたため、「家」に所属する人びとは、家督を受け継いだ家長を「家」の統率者として中心に据え、その保護を受けると同時に、祖先を祭るという行為によって、家長を中心とした「家」の共同性を強調したからだ。

このような民法の制定を背景に、葬列は夜から昼間に行なわれるようになり、さらに町中を練り歩くようになって、葬送に直接関係しない人までも葬儀に関わるようになる。結果として都市部では、地縁共同体とは別に営利を目的とする葬祭業者までがあらわれるようになる。家庭用の仏壇をはじめ、花車・位牌輿なども、この時期に始まったという。

このように、江戸時代までの寺請制度を基調とする檀家制度から、明治維新後は「家」を中心とする祭祀相続の葬儀法要を基調とする檀家制度へ、葬式仏教へと変化してきたことがわかる。

現代の寺院社会では「寺離れ・僧侶離れ・檀家離れ」を三離れ現象などと称し、また僧侶のいない近親者のみによる葬儀を直葬《じきそう》と称し、それは現代人の宗教心の希薄化の証などとうそぶいているが、じつはこのような檀家制度の成り立ちと社会機構の変化に起因するのだ。

葬儀法要の商品化とニーズの多様化

後述するが、このような檀家制度の成り立ちと社会機構の変化によって、とくに農地解放（昭和二十二年）などによって、戦後の日本社会では葬儀法要の商品化が具体化するにいたる。

この商品化によって葬送儀礼にたいするニーズが多様化し、平成八年（一九九六）に厚生労働省認定の「葬祭ディレクター技能審査制度」が誕生し、葬祭業務に携わる者が、葬儀に関する知識と技能があるかどうか、葬祭ディレクター技能審査協会が審査するようになる。

「葬祭ディレクター」とは、国際的に共通の名称「フューネラル・ディレクター funeral

director」という外来語の訳語である。まさに欧米の葬送儀礼に則った「おくりびと」的葬儀が一般化したといえる。それまで日本では、葬祭従事者にとって資格取得の義務はなかったが、消費者などからの信頼を得るために、広範囲な知識と習熟した技能をめざしたという。まさに葬儀法要の商品化が進んだといえる。

平成八年に第一回を実施した葬祭ディレクター技能審査試験は、平成十九年で十二年を迎え、平成十九年までに葬祭ディレクターは一級、二級あわせて約一万六六八〇人（このうち一級取得者は九〇六四人）になるという。このように現代仏教のキリスト教化は、とくに戦後はこんな身近なところから徐々になされてきたのである。

□仏教の宗教的な崩壊の始まり

肉食妻帯勝手たるべし

明治五年（一八七二）は、仏教の宗教的な崩壊が始まった特記すべき年である。

明治天皇の王政復古は祭政一致という国家の方針（国是）となり、一方で神仏分離の令達は仏教軽視をもたらし、さらに神仏判然は廃仏毀釈へとつながり、寺院社会は失意のどん底に落ちる。徳川時代には幕藩体制の精神的な要だった仏教は、公的な寺請制度・宗門人別などの行政的な特権が与えられ保護されていた。そのため幕藩体制が崩れると寺院社会はなんらなすところがなく、無為無策の状態となってしまった。

この時点になると新政府は、これまで布石してきた行政的な手腕を発揮し、仏教の宗教的な崩壊を現実のものとしはじめたのである。

まず三月二十七日には、神社仏閣の地で守られていた「女人禁制」を廃止する。さらに四月二十五日には太政官は「自今僧侶の肉食妻帯は勝手たるべき事、但し法要の他は、人民一般の服を着用して苦しからず」と布告する。世に言う「肉食妻帯勝手たるべし」の僧尼令廃止である。新政府は僧侶の肉食・妻帯・蓄髪および法要以外での平服着用を許可し、仏教の宗教的な崩壊を目論んだといえる。

しかし、一言触れておかなければならないことがある。それは、この太政官布告は、国家が僧侶の破戒行為を国法（僧尼令、養老二年・七一八）で処罰しないと言っただけであり、それをあえて奨励したり、まして強要しているわけではない、ということである。

もともと僧侶の戒律についてはそれぞれ重要な規定があり、それは僧侶が自分自身の意思で自発的に堅く守るべきもの、換言すれば、僧侶となるほどの者は、初めから十分それを知ったうえで身をその世界に投じていたはずで、そのために世間的な在家者と対比するかたちで、出家者として社会的に尊敬されていたのである。

僧尼令では、僧尼の飲酒、肉食、五辛《ごしん》（ネギ類などの刺激物）を服することを禁じ、これを犯すと三十日の苦役（強制労働）であり、薬として用いる場合でも三日間が限度だった。それでも飲酒し、他人と争ったり、暴力沙汰になれば、還俗という制裁だった。

とくに男女間のことに関しては取り締まりが厳しく、「僧坊に婦女を留め、尼房に男夫を置くことを許さず」といい、これに背いて一宿以上泊めた場合は十日間の苦役、五日以上の場合は三十日、十日以上は百日間の苦役だった。それこそ僧尼が交わりをもったら遠島だったのである。ちなみに、僧房に賄方《まかないがた》として務める婦女たちは「一宿以上泊めた場合は十日間の苦役」の禁のために、朝になるとかならず一度は寺門外へと足を運んでいたのである。

じつに明治政府は、このような僧尼令の禁を解くことで、仏教の宗教的な権威の崩壊を目論んだといえる。中世ヨーロッパでカトリック教会がその権威を維持できたのも、じつは修道生活の禁欲主義が担保にされてはじめて可能になったのである。日本社会の宗教もまた例外ではなく、宗教的な権威は僧尼令という禁欲主義を担保として成立していたのである。

ところで、明治八年十一月になると神仏各管長宛に諭達が出され、火葬の禁が解かれて、説法の自由、転宗転派の自由が保障された。さらに僧尼令の廃止についても、法制上の禁を解いたことに止まり、各宗派の宗規には触れないとする旨も通達されている。しかし、実際には各宗派とも肉食妻帯の禁が解かれた段階で、宗規上の規定も雲散霧消してしまったようである。私の知るかぎり、伝統教団内ではこれ以降現代に至るまで、出家者の肉食妻帯などの持戒について、学問的には論ぜられているが、具体的な「おこない」としては取り沙汰されたことはほとんどない。こんなところにも、日本の仏教文化の断絶が見えている。

出家の否定、職業としての僧侶へ

またこの僧尼令の廃止は、そのまま公的な僧籍廃止を意味するもので、この時点で身分としての僧侶から職業としての僧侶、お仕事としての僧侶へと変節することになる。先に戸籍法により出家が否定されていたため、この職業としての僧侶への転換は思いのほか早かった。さらにこの僧尼令の廃止が、日本人の宗教ごとに寄せる気分が変節する大きな分岐点にもなっているのである。

明治二年に華族（旧公爵・大名の家系）、士族（旧武士）、平民（官位のない庶民）の身分上の呼称（族称）が設けられ、士農工商の四民が廃止され、そして、僧尼令の廃止によって、僧侶は一般の平民と同様に徴兵の義務を負うようになる。

本来僧侶は、仏教の宗教儀礼である出家得度をすることで、士農工商という身分制度の外側に位置づけられていた。たとえ四民のうちで農工商が出家得度して僧侶になっても、その氏素性を問われることなく、士族といえどもその僧侶を丁重に扱ったのである。

しかし、これ以降、僧侶は宗教ごとの職能者、宗教ごとを職業とする平民として扱われ、さらに宗教ごとに携わる僧侶が徴兵され戦地に出兵することになる。

当初、僧侶は宗教ごとに携わる職業に鑑みて、一家の相続者である嗣子（家督の相続者）と同様に兵役の義務を免除されていたが、徴兵逃れで出家する者があったためにその免除が解除され、僧侶であっても兵士として前線で敵兵を殺害しなくてはならない事態が生じた。

このような時勢の流れに逆らえなかった伝統教団は、その施策に反対するどころか戦争遂行に協力姿勢を見せている。さらに、僧侶の中には還俗までして積極的に戦争遂行政策に荷担する者まで出現するなど、宗教ごとに寄せる気分が大きく変節しはじめていることがわかる。

とくにこの四民廃止で、寺に在住する僧侶は清貧な出家者であるというイメージが崩れる様子を伝える声に耳を傾けてみよう。明治二十二年（一八八九）当時、大阪にあった第三高等中学が京都へと移転したため、浄土宗の寺院に下宿をしていた「喜田貞吉」（歴史学者、一八七一〜一九三九）という人物の声である。

第三高等中学が大阪から京都へと移転したため、京都へと転居し浄土宗の寺院にしばらく間借りをして通学した。するとその寺には小母さんと呼ばれる婦人がいて、それがまた在俗の妻のように立ちふるまっており、子供にお乳を飲ませたり、台所で魚をさばいたり、あるいは公然と参詣の檀信徒に接待しているのを見て、奇妙に思った。お寺さん方には失礼なことだが、いかにもそれを不愉快に感じたものだった。

自分の郷里のお寺は曹洞宗所属の寺院であったので、戒律がそれなりに喧しくいわれていた。しかし、その寺は大黒と呼ばれる婦人が在住していたが、それを世間に公表することはなく、また陰で魚肉を口にしていても人前でそれを頂くということはなかったため、当時の私は僧侶には精進が保たれるものと映っていた。

ところが、寺院に小母さんがいるのはそこばかりではなく、また大抵の僧侶は牛肉までも人前で平気で口にしているので、もうすでに肉食妻帯が普通になってしまったのだと分かった。(『現代仏教』十周年記念特輯号—明治仏教の研究・回顧—、昭和八年七月、現代仏教社発行)

このように、「肉食妻帯勝手たるべし」の布告によって、僧侶の禁欲主義とまでは言わないまでも、僧侶の清貧さや廉潔さが奪われることで、それまでその担保によって補償されていた日本社会の宗教ごとに寄せる気分が変節してしまったのである。いちがいに現代仏教が問題というのではなく、総じて日本人の宗教ごとに寄せる気分がなにか変なのは、国家の介入によって宗教ごとの権威が崩壊したことに要因があると考えられる。

翻ってこの僧侶の肉食妻帯から現代仏教を見ると、各宗団によってその対応のあり方にばらつきがあるが、この僧侶の清貧さや廉潔さにたいする感性がスッポリと抜け落ちてしまっていることに気づく。先にも触れたが、寺院社会でも、「現代だからそれぐらいのことは仕方がない」という程度の世間的な感覚で処理されている。

しかし、現代仏教の各宗団も公的な文言では、男性僧侶の配偶者であると堂々と表現するにはばかりがあるようで、寺族とか寺庭婦人というふうな表現でお茶を濁している。それは、社会一般の通念としても、宗教者にはなんらかの自制（戒律的なこと）が求められていることに、薄々にでも気づいているということである。

「肉食妻帯」日蓮宗の対応

この配偶者や家族について、日蓮宗では住職の家族を寺族として扱い、とくに奥さんは寺庭婦人という特別枠で扱われている。さらに、日蓮宗寺庭婦人会という組織まで宗制上に位置づけられ、そこでは寺院における住職の奥さんとしての信仰的な立場ばかりではなく、行政的な立場も保証している。

詳細は後に明らかになるが、日蓮宗の寺院社会は、戦前の本末解消、戦後の法人解体によって、本山と末寺の関係が解消されたため、それぞれの寺院が一単位の宗教法人格をもっている。そのため寺院の住職は宗教法人の責任役員として、その法人の葬儀法要など事業運営全般を担当することになる。すると日蓮宗の宗制では、先のように寺族や寺庭婦人の行政的な立場が保証されているため、住職の子どもや寺庭婦人がその法人の責任役員（住職）として就任しやすいのである。

このように「妻帯勝手たるべし」の文言が宗制上に容認されたことは、寺族による寺院の占有化が自由に行なわれるようになったということである。

「肉食妻帯」曹洞宗の対応

曹洞宗では宗憲上の出家規定がことのほか厳しく規定されていたために、近年まで住職の寺族という言葉すらなかった。禅家では表向き出家者の分際では、妻帯などは論外で容認し難かったようだ。明治時代に肉食妻帯勝手たるべしと、戸籍上でも婚姻関係が認められるようになっても、宗憲上では出家者である以上、住職の奥さんが寺院に在住しているはずはないというものだった。

問題が生じたのはごく近年のことで、住職の後継者問題である。住職に子どもがなかったり、あるいは急逝したときに後継者の息子がまだ幼い場合には、住職の奥さんが急遽僧籍を取得し、しばらく跡を継ごうとすると、寺族や寺庭婦人という規定がないと窮することになる。なぜなら、出家者は妻帯していないはずだというところから宗憲がはじまっているから、寺の後継者は法類（寺の縁戚関係）や宗門的な裁量の範囲で決定されてしまうからだ。たとえ住職の奥さんであっても、実子であっても、宗憲上の規定がなければ、宗教法人で括られている寺院の後継者となることは難しい。

近年、こういう後継者の問題が取り沙汰され、曹洞宗では宗憲に寺族という規定を作り、曹洞宗の宗旨を信奉して、寺院に在住する僧侶以外の人たちを寺族とした。

しかし、それでも宗内の騒がしさは収まらなかった。もし地域が大震災に見舞われ被災者たちを寺が引き受け、それが長期に在住する人がでた場合、その避難者も寺族になるのではないか、というのである。

その後もこの規定以外に動きはないらしく、寺庭さん方は「今一つ寺庭婦人の定義がはっきりしないのが現状」とホームページを立ち上げている。そして、一般的な寺族（御寺院にお住みになっている僧侶以外の方）の方を対象に、全国規模で話し合えば何か解決策があるかもしれない。一般の方でも、聞きたいことや不審に思うこと、励まし、何でもご意見をいただきたい、と言っている。

いずれにしても、この僧侶の妻帯が日蓮宗と同様に寺院の占有化へとつながっている。

「肉食妻帯」浄土真宗の対応

明治以前には「無戒宗」と俗称された浄土真宗の場合はどうだろう。開祖の親鸞聖人はご自身を非僧非俗（出家僧でもなく俗人でもない）と称し、その教団はほぼ在家教団として妻帯から蓄髪まで世俗的な生活の中で信仰を維持してきたために、妻帯の是非は論ぜられることはなかった。

しかし、これまで住職と坊守《ぼうもり》（住職の奥さん）が二人三脚で寺院運営を行なってきたために、男子（住職）と女性（坊守）という固定的な役割分担が生じた。そのため住職の奥さんである坊守は坊守以外の選択肢はなかった。さらに坊守には教師（住職）資格がないなど、そこには性的な差別（ジェンダー）があるというところから、全国坊守連盟（住職の妻たちの会）が立ち上がり、一九九一年には男性によって継承されてきた住職制度が、条件付きで女性（坊守）も住職になれるように改正された。その条件とは、住職に卑属系統（子・孫・甥）に属する男子の教師がいないということに限り、坊守が教師となってお寺を継ぐということだ。

　早い話、ここでも寺院の占有化につながっている。仕方のないことだが、これらは現代仏教についての宗教ごとの問題ではなく、たんに葬儀法要の商品化と寺院の占有化による既得権益の主張にすぎないということである。

□寺院社会の解体が始まる

神仏併合大教院の設立

さらに明治五年八月になると、寺院社会の解体が始まる。太政官から神仏各宗合同の研究・教育機関として神仏併合大教院の設立が布告される。この神仏併合大教院とは、新政府によって実施された宗教の思想的統制を図る機関である。これによって仏教の宗教的な伝承性が剝奪され寺院社会の解体が始まったのである。

大づかみに、それまでどのような形で仏教の宗教的な伝承が行なわれてきたかを挙げれば、仏教は中国から伝播以来、朝廷などの庇護のもとに国家安泰を祈り君主政治体制の維持強化に貢献してきた。現在でも各宗派の由緒寺院などで伝統的に修されている国禱会《こくとうえ》などがそれである。その後、各宗派は独自の門流を形成し、各宗派の歴史と伝統などの伝承ごとは、おおよそ本山と末寺寺院の循環関係を機軸として、その本末関係の中で存在してきたのである。

たとえ一山の貫首さまであっても、かならず発心して僧侶になろうと思った一瞬があったはずである。発心して出家し僧侶になるためには、その門流の貫首さまについて受戒得度して弟子となり、本山などに所化（弟子の分際）として随身し、時を得て門下の学問所である檀林での一定の修学をへて、素紫寺《すむらでら》、茶金寺《ちゃきんでら》なりの末寺へと賜わった袈裟（僧階）をたずさえて下り、やがてその器量（才能や力量）に応じて門流の貫首へと成り上がってきたのである。その意味では、その門流の歴史と伝統は貫首さまの一挙手一投足にあり、その貫首さまが体現していたのである。そのため貫首さまの読経や回向を拝聴すれば、たとえ同宗派であってもたちどころにどこの門流であるか了解できたのである。

ところが、この明治五年の「神仏併合大教院設立」の布告がなされて以降、神祇省から教務省を通じて行政的な管理監督を名目に仏教教団の宗教統制が行なわれたために、その宗教的な伝承性が剝奪されていくことになる。行政的な手腕がどう振るわれたかを遡ってみよう。

八月になると、これまで各宗派が伝統的に用いていた僧階とは別に、行政的に統一された教導職十四級が設けられる。さらに九月になると、「一宗一管長制」の通達が発令される。それまでの各宗派は、現在のように一宗派として統一されたものではなく、宗派内はいくつかの門流として併存していたのである。しかし、この大教院が設立されると、各門流は一宗派名を名乗ってまとまるように強制された。とくに日蓮宗・天台宗・真言宗・浄土宗・禅宗・時宗・真宗の七宗には通達が出され、この時期に初めて統一された一宗派として成立するようになったのである。

日蓮宗関連でいえば、日蓮門下各派は一致派と勝劣派に分かれていたが、ここに「日蓮宗」と総称し、交代制の管長制度を定め、顕日琳が管長として就任した。日琳は本成寺派、現在の法華宗陣門流総本山越後本成寺住職であり、一宗一管長制における日蓮宗初代管長は勝劣派から出たのである。さらに明治七年、日蓮宗は再び一致派と勝劣派が分派するなど、しばらくの間は教団としての離合集散がくり返された。

このように、他教団でもそれまで独立して存在していた各門流の離合集散が重ねられながら、一宗派への道を歩んでいった。

また十一月には、設立された神仏併合大教院によって、神社・寺院・説教所を小教院（由緒寺院などを中教院とした）として、国家神道を顕彰する三条教則にもとづき教導することが命ぜられる。事実上、これによって寺院では仏教の教義が説けなかったばかりか、仏教用語までも使用が禁止されるなど、その弾圧は熾烈を極めた。

さらに明治六年（一八七三）二月には、なんと浄土宗の本山である芝の増上寺内に大教院が設置され実働をはじめる。驚くべきことに、四月になると増上寺大殿の本尊阿弥陀如来像が台徳院霊屋に半強制的に撤去され、その代わりに皇祖大神（天皇の祖先・天照大神）が安置される。

つづいて六月には大教院開院の公式法要が催されるが、この大教院の教頭には相國寺荻野独園師、副教頭に本願寺大谷光尊師の仏教者が任ぜられていた。先の神仏判然によって、事実上、僧侶の神祭式典への参加が禁止されていたため、僧衣を着装して皇祖大神を祀る法要への出仕は許されるはずもなく、大教院の公職にあった荻野・大谷の両師は苦渋の選択によって、神官の制服を着装して神饌供奉《しんせんくぶ》（烏帽子・下垂を着して、神饌・魚具・榊供を奉献する）の式典に臨んだという。これによって、世間は仏教が国家神道の軍門に下ったことを知らされ、寺院社会の解体が世間の目に晒されたのである。

寺院社会の急激な解体

これ以降になると寺院社会の解体がいっそう進み、明治以前の幕末には四五万か寺を誇っていた仏教寺院数が、廃仏毀釈後は一五万か寺へと激減し、さらに現在では八万か寺へと半減して、この数字は昭和三十年代からあまり変化していない。

明治時代の日本の人口がおよそ四五〇〇万人で、現代が約一億二七〇〇万人だから、現代仏教では過疎化によって檀信徒が激減したために寺院運営に窮するという話をよく聞くが、それはたんに寺院運営の基盤が葬儀法要のお布施に頼っているというだけのことである。

これから明らかになるが、先に触れた寺院社会が果たしていた「戸籍（寺請）・学校（寺子屋）・法要」の三つの機能のうち、公的であった「戸籍」が取り上げられ、さらに「寺子屋」は明治政府の富国強兵のために国民皆教育が必要という名目で廃止され、僧侶に残されたのは「法要」だけということになる。

明治四年十月に「葬儀埋葬法」が制定され、さらにその翌年に自葬が禁止され、僧侶や神官が葬儀をするように義務づけられたため、寺院に唯一残された機能が「葬儀法要」だと単純に思われがちだが、じつはこの「法要」には庶民の切なる思いが込められていたのである。

□仏教の学問的な再編成と仏教文化の致命的な状況

寺院仏教から学問仏教へ

さらにこの寺院社会の解体は、僧侶の法器養成（宗教教育）に及んで、仏教文化が致命的な状況になる。それまで本山と末寺の関係によって、いわゆる僧院生活によって伝承されてきた仏教が解体され、西洋哲学を基軸とする学問的な仏教への再編成が始まったからである。これによって寺院社会の解体によりいっそう拍車がかかった。その始まりも、この明治五年である。

この背景には、日本の教育制度転換の経緯がある。明治時代になって幕府の調書方（辞書の編纂などをしていた部署）が西洋の学問を取り入れて洋学化していくのだが、じつはこの流れの中から東京大学が創設されていく。

明治五年にフランスの教育制度を模して「学制」が発布され中央集権的に管理されていたが、じつは日本の洋学化を目して導入された学問体系を担ってきたのは東京大学であった。さらに、その学問の中でも力を入れたのは医学であった。いずれの時代でも、その時代の先端学問は医学だからである。東京大学もその例に漏れず、当時は世界の最高峰にあったドイツ医学を導入し日本の近代化を図ったのである。

東京大学に医学関係九人、薬学関係四人、予科（語学・哲学・数学・化学など）八人におよぶドイツ人教師が召喚され、年度でいえば毎年一二、三人のドイツ人教師がおり、一年間の給与は四万円に上り医学部総予算の三分の一以上だったという。じつに、いまの三億円以上をドイツ人教師の給与に費やすほど、ドイツの医学をはじめ基礎学問に力を入れていたのである。そのためこれ以降、日本の西洋化をリードしてきた東京大学は、医学ばかりではなく、哲学や宗教学などの人文科学系の学問もドイツ観念論を基礎に体系づけられていくことになる。明治十九年（一八八六）に東京大学は、帝国大学令に則って総合大学（旧帝国大学）となる。

それまでの日本の教育はどうであったかといえば、幕藩体制の中で各藩が独自に設けていた藩校があった。藩校は十七世紀ごろから創り始められたが、十九世紀初頭には各藩（二七六藩）のほぼ五〇パーセントに設置され、幕末には二万石以上の藩では八〇パーセント以上に、二〇万石以上の藩では一〇〇パーセント設けられていた。

およそ徳川時代に武士の占める割合は人口の七パーセントくらいであったが、藩校の実際は武士の子弟はほぼ全員が八歳ないし十五歳から藩校に通い始め、二十歳ないし三十歳くらいまで通うことが求められ、武士は基本的にかなり高い教育を受けていた。その内容は文武両道を学び、文はもっぱら四書（大学・中庸・論語・孟子）五経（易経・書経・詩経・礼記・春秋）を中心とする漢学、儒家思想を学んだ。またその学び方はといえば、師弟関係によって師に仕える形で学ぶ（まねぶ）、いわゆる知識偏重ではなく「自己を修める」という精神修養がその眼目になっていた。

また、一般庶民の教育を担っていた寺子屋にいたっては、幕末の安政から慶応（一八五四〜一八六八）にかけて四二〇〇校が開設され、全国には一万五〇〇〇以上あったといわれる。それによって、おおよそ日本全国の男子の四割、女子の一割が教育を受けており、江戸の男子だけをとれば、就学率は八五パーセントを超えていたという推計がある。寺子屋で学ぶのは、いわゆる読み書きソロバンであったが、文盲率の低さは国際的に見てもヨーロッパに遜色のないレベルだったのである。

しかし、新政府は富国強兵の国造りのために、西洋の実学（暦の算出から蒸気機関船までの物理・化学）を最優先させ、藩学や寺子屋といった伝統的な教育をすべて切り捨て、東京帝国大学へと教育制度を集約させていった。

そして、この東京大学において明治五年に初めて仏教が講じられたが、その講じられたものが禅宗において宗門第一の書『碧巌録《へきがんろく》』であり、またそれを講じた人物が高橋好雪という在家居士であった。そのため臨済の大本山妙心寺は、好雪の師匠願翁禅師にたいして「碧巌臨済の二録は僧侶であっても、師家《しけ》（行学の伝承者）の分際でなければ、講ずることを許さない。ましてや在俗の分際でこれを講ずるのは以ての外」と断罪したため大問題となったという。

本来、仏教の学問所は檀林《だんりん》と呼ばれ、その僧院の中では行学兼備の修養生活が営まれ、出家者が伝承ごととして伝えてきたものが仏教の学び方であった。しかし、西洋化した教育制度に則って伝統的な檀林のあり方が壊されて、仏教が観念的な思惟によって哲学的に講じられていくことになる。その端緒が、東京大学へと集約される教育制度の変化なのである。

各宗派独自の大教院制度へ

このような教育制度の転換によって、寺院社会に直接影響が出るのは、先に見たように明治五年からの神仏併合大教院に始まるが、とくに影響が大きかったのは、明治八年、各宗派独自に大教院を設置するように義務づけられてからである。神仏併合大教院による仏教弾圧は、仏教法話を禁止するなどあまりに事を急いだために破綻し、各宗派独自の大教院制度へと政策の転換が図られたのである

日蓮宗関連でその過程を概略しよう。先に見たように明治五年の一宗一管長制によって、日蓮宗は一致派と勝劣派を分けることなく統括された。しかし、その二年後の明治七年には、法華宗各派ごとに管長を置くことが公認され、日蓮宗一致派では、明治政府に覚えのよかった新居日薩師が初代管長となり単称「日蓮宗」が成立する。これが現在、寺院数五三〇〇か寺、教師数九〇〇〇人を数える日蓮宗である。それまで一致派は四四の門流としてそれぞれ分立して存続し、経済基盤をはじめお経の読み方、回向の仕方まで、それぞれの伝承を保っていた。しかし、新政府の行政的な手腕によって、総本山身延山久遠寺を中心に五大本山がまとまり統括された。これが世に言う「五山盟約」で、身延山久遠

寺、池上本門寺、京都妙顕寺、京都本圀寺、中山法華経寺の五山を大本山に定めて、たがいに分立する五山はじめ四四か本山の運営状況が、身延山中心の共同体制（単称「日蓮宗」）へと統括されたのである。

しかし残念なことに、神仏併合大教院から各宗派独自の大教院制度へと転換されたことを機に、日蓮宗はそれまでの伝統的な学問所であった檀林を全廃してしまい、日蓮宗大教院という教育組織を新たに発足させる。これが日蓮宗大檀林となり、立正大学へとつながる大学制度である。

もともと日蓮門下の総合的な法器養成の場は、天正元年（一五七三）に飯高檀林の前身である飯塚談所が開設されたことに始まり、以降次第に数が増え関東に飯高檀林・中村檀林をはじめ八檀林、関西に六檀林を数えるにいたったが、大教院制度以降、これらの檀林は全廃されたばかりではなく、私設檀林とまで蔑称されている。

ところで、この日蓮宗大檀林時代の初代学長は小林日董師で、この時代に特記できる学者として最も有名なのは小林一郎師である。法華経講話の記録が『法華経大講座』十三巻として平凡社から出版されている。しかし、この小林一郎師も先の『碧巌録』の場合と同様に在家の信仰者で、明治三十七年（一九〇四）四月に日蓮宗大学林が設立されるにあたり、東大から倫理学の教授として招請された人物である。

この小林一郎師の経歴は、東京帝国大学を首席で卒業し、金時計を受賞した俊秀で、同期生で銀時計を受賞したのが、のちに東京帝国大学に宗教学科を創設した姉崎正治師である。さらに小林師の専門は西欧哲学でヘーゲルを専攻し、専門書はもちろんのこと、ゲーテ、シェークスピア、トルストイの作品を原書で読むほどの秀才であったという。その人物が『法華経大講座』によって法華経を解説している事実は、本山と末寺の関係によって、いわゆる僧院生活によって伝承されてきた仏教が、ドイツ観念論による哲学的な仏教、学問的な仏教へと変質していく端緒を開いたことを意味する。

先に見たように論理学とはロジック（Logic）の訳語で、どのような推論が正しいかを体系的に概観する学問である。そもそもロジックという言葉は、ギリシャ語の「神の言葉」であるロゴス（Logos）にその語源があり、聖書（神の言葉）を理性的にどのように理解し論証するかの学問である。

ところが、仏教など日蓮聖人の宗教は伝承ごとの文化で、それはまさに感性の文化であり、論理学によって理性的に理解し解釈された瞬間に、それらはすべて観念化されて身体性を失うという運命を背負うことになる。日蓮聖人の教えを知識的に理解していても、それが実践できるか否かは、その人の宗教的な情操の問題ということになる。これが学問と宗教ごとの相違である。

まさに論理学とは、聖書（神の言葉）などを言語・理性によって理解し論証する学問であり、キリスト教では、神の経綸は契約書としての聖書にすべて存在すると考える。神の言葉がすべての始まりだからだ。聖書に書かれていることは、神の経綸としてこの世に具体化する。そのため契約書としての文言を精確に解釈し、思想信条として哲学化（観念化）することは、神の経綸を知ること、信仰の証ということになる。このようにキリスト教では、論理学によって神の経綸を論証することは信仰そのものなのである。

現代仏教はこのようにキリスト教化しているため、仏教の学問的な理解が先行している。それは仏教学ばかりではなく、各宗門の宗旨の学問、日蓮宗でいえば日蓮教学を学ばなければ仏教はわからない、と多くの識者が力説する。ところが実際に日蓮聖人のご遺文の全体が自由に誰でも学べるようになったのは、明治三十七年（一九〇四）になって加藤文雅発願・稲田海素委嘱の開宗六五〇年記念『日蓮聖人御遺文』（別名、縮冊御遺文・縮冊遺文・縮遺・霊艮閣版）が発行されてからである。このような経緯から見れば、仏教の伝統的な学問所の檀林が廃止された段階から、いわゆる僧院生活によって伝承されてきた仏教が、寺院社会の解体により僧侶の在家化が始まり、ついには仏教文化の断絶が生じたといえるのである。

伝統教団では各宗派が独自に運営する大教院制度の発足によって、日蓮宗は立正大学（日蓮宗大檀林）、曹洞宗は駒沢大学（曹洞宗大学林）、臨済宗は花園大学（般若林）、浄土宗は大正大学（浄土宗教大学）、真言宗は種智院大学（真言宗総合京都大学）などの宗門大学を運営し、檀林廃止後の文化の断絶を埋め合わせるかたちで、各伝統教団の宗祖方の信仰にたいする学問化が進んできたといえる。

そこでは僧院生活によって伝承されてきた仏教者の宗教的情操の獲得は置き去りにされ、僧侶としての然《さ》したる修道生活も経ずして、宗門大学で学問的に仏教学や宗祖の教学を学ぶだけで僧侶になれる、出家者になれるという感覚になっている。これこそが寺院社会の解体、仏教文化の断絶そのものである。

□伝統教団における伝統性

仏教文化は断絶している

現代では一般人ばかりではなく宗教ごとの伝承者である僧侶までもが、現代の伝統仏教は仏教公伝の欽明天皇十三年（五五二）より数えて一五〇〇年に及ぶ宗教的な伝統を継承しながら、脈々と現代に受け継がれているという感覚をもっている。

たしかに、一五〇〇年におよぶ仏教文化は、古文書や伽藍堂としておよそ物的な文化としては伝承されている。しかし、その中身であるはずの精神文化は、宗教的な「おこない」である身体技法（修行などの体験）によって伝承されてきたために、仏教文化としてはすでに断絶していると言わざるをえない状態である。

現代仏教のそのほとんどが、たとえ伝統教団と称していても、それは入れ物としての宗団組織のことであり、明治時代に崩壊が始まり、昭和二十年の敗戦とともに終焉を迎え、昭和二十七年ごろに新宗教法人法の下に登記され、行政的に再編成された宗団組織である。まさに伝統教団とは名ばかりの宗団で、その歴史はわずか六〇年に満たない、とも言えるのである。

ここでは現代の伝統教団の驚きの現状、江戸時代までの仏教文化が完全に断絶していることを明らかにしたい。明治時代に仏教の伝統的な学問所であった檀林が廃止された段階から、寺院社会における僧院生活の解体から僧侶の在家化が始まり、仏教文化の断絶が生じた。しかし、それでも寺院社会は一宗一管長制によって行政的に統括され、一宗派名を名乗らされていたが、各門流などの独自性は辛うじて維持されていた。日蓮宗関連でいえば、先に見たように四四の門流が五山盟約で統合されていただけで、それぞれの門流における本山と末寺の循環関係は存続していたのだ。

要するに、現在は本山クラスの優等寺院が父子相続されても誰も疑問を抱かなくなっているが、戦前（昭和十五年の本末解消以前）であれば檀家の少ない末寺でさえ、勝手に親子の間で相続を決めることすらできなかった。それは歴史的な伝統を継承してきた本山のふるまいとして、本山のみに許されていた権威だったからである。

戦時下の宗教弾圧

現代のように寺院の父子相続が可能になったのは、とくに日蓮門下でいえば戦時下の昭和十五年（一九四〇）四月一日に施行された宗教団体法の宗教弾圧によって、そういう事態に追い込まれたからである。

もともと宗教を統制し、天皇制政府の国策に奉仕させるという国政のあり方は、明治新政府の発足以来の基本的な宗教政策であったが、時代が昭和を迎えると日本ファシズム最大の事件である昭和十一年（一九三六）の二・二六事件を境に、大日本帝国軍部の政治的制覇が確立し、日本国は日中戦争をかわきりとして、太平洋戦争へと突入していった。

そして、戦時国家総動員体制（昭和十三年の国家総動員法公布）の最中、この宗教団体法によって「宗教の宣布は即ちこれ皇道（天皇制国家神道）の宣布」というように、日本の諸宗教は強制的に「天皇制国家神道」に従属させられたのである。

また、翌十六年（一九四一）二月八日にはこの宗教団体法を追って、日本史上に悪名の高い治安維持改正法が国会で可決され、この恐るべき弾圧法規によって、先の「天皇制国家神道」を笠に着た宗教弾圧が思いのままに進められるようになった。この時代に国家権力は右手には宗教団体法、左手には治安維持法の剣をたずさえることで、宗教弾圧の体制は完璧になったのである。

この宗教弾圧の具体的な事実にふれると、昭和十五年四月にこの宗教団体法が公布されて、これまで公認されていた宗教団体、とくに一宗一管長制で統括された伝統教団の七宗は、これまでの宗制を「天皇制国家神道」に従属するように改定し、新たに承認を受ける必要に迫られたのである。

すでに仏教諸派の教義や聖典にたいする政府の干渉は昭和六年ごろから始まっており、天皇たちを「僅かの小島の主」と呼び、崇峻天皇を「腹悪しき王」とする日蓮遺文についてはことさら問題が多かった。日蓮門下の法華宗では、これらの不敬の文言を削除せよという厳命を受けながら、これを拒んだために昭和十六年には当局によって幹部の一斉検挙に遭遇したほどであった。

本末関係の解消

このような弾圧を背景に各宗派は、宗制や宗旨を変えるなどして生き残りを図った。日蓮宗にあっては、昭和十五年に宗旨を変えるために日蓮遺文の問題箇所（一〇八か所）を削除訂正したばかりか、行政的な宗門運営をするために本山と末寺（本末）関係まで公的に解消してしまったのである。これがなにを意味するかといえば、この解消によってそれまで本山に許されていた由緒や故事来歴、とくにそれまで本山が由緒や故事来歴によって行なってきた、僧侶の養成に始まる僧階の授与や法類住職の任免権などが宗制枠に組み入れられて、行政機関としての宗門がそれを執行するようになったということである。

この時点から、宗務行政（機関）が宗務役職の任免権を握ったのである。本山と末寺の関係によって維持され、僧院仏教として伝承ごとに支えられた日蓮教団から、行政的な枠組みによる日蓮宗団となってしまったのである。

そして、これによって生じた最も大きな痛手は、この本末解消によって、それまで本山と末寺の関係で営まれていた経済基盤が崩壊したことである。本山によっては、その固定資産からの収益や、わずかな檀信徒の護持力では維持経営に困難を来たした。加えて宗教法人法の施行によって、本山の寺有地は各末寺の所有地として、「平等の法人格」のもとに分割され、各寺院の檀家と共に独立形体を整えていった。独立形体といえば聞こえがよいが、寺院住職による寺院の占有化が起こったのである。

この本末解消によって、経済的に立ちいかなくなり疲弊した本山は多いが、末寺は「平等の法人格」によって所有地を増やし、また課金という形で本山に上納することがなくなったため、多数の檀家を抱える優等寺院は経済的に潤うことになった。この本末解消が公的に行なわれたことで、僧院生活によって伝承されてきた寺院社会の解体が進み、僧侶の在家化、さらに仏教文化の断絶が決定的になったといえる。

戦後の寺院はまさに会社運営

戦後の伝統教団の成り立ちにふれておけば、昭和二十年（一九四五）八月十五日のポツダム宣言受諾とともに終戦を迎え、天皇制を維持するために制定された悪名高き宗教団体法（昭和十五年）も廃止され、これに代わって同年十二月八日に宗教法人令（ポツダム勅令）が公布された。これによって政治的、社会的および宗教的な自由が保障されることになった。

しかし、戦後の混乱期にこの自由法令が施行されたために、宗教法人乱立の傾向と、宗教団体本来の目的がはき違えられるなど、宗教の尊厳を穢し、宗教法人として社会の信頼に悪影響を及ぼす結果になった。

このため昭和二十六年（一九五一）四月三日に新たに宗教法人法が公布され、宗教法人令は廃止された。これが現行の宗教法人法である。現在、仏教教団の各寺院はこの宗教法人法の下に登記された宗教法人である。

日蓮宗関連では、昭和二十六年の宗本一体の体制から同二十九年の民主的な宗制への改正を通じて、逸早く包括法人としての宗教法人日蓮宗を組織した。そして、各都道府県に登記された日蓮門下の寺院を日蓮宗として包括し、全国の管轄区域（管区）に宗務所を設置し、その管区内（管内）の寺院・教会・結社の統轄を図った。そして、この変化によって、それまでの本山と末寺という由緒や故事来歴による寺院運営から、日蓮宗宗制（日蓮宗宗憲・日蓮宗規則・日蓮宗規程）にもとづく法人運営へと大きく転換したのである。

ちなみに、現在の寺院運営の実際を見れば、日蓮宗では住職は宗教法人の代表責任役員で、法人から給与所得をいただくサラリーマンである。まさに、寺院は会社運営となっている。

これが「伝統教団と称していても、それは入れ物としての宗団組織のことであり、明治時代に崩壊が始まり、昭和二十年の敗戦とともに終焉を迎え、昭和二十七年ごろに新宗教法人法の下に登記され、行政的に再編成された宗団組織である」（一〇七〜一〇八頁）と言った全貌である。伝統教団の寺院は宗教法人として登記されている寺院であり、その歴史はわずか六〇年に満たないのである。

□明治時代以前の僧侶や寺院の役割

葬儀法要に込められた庶民の切なる思い

こう見てくると、明治以前の僧侶や寺院がどういう宗教活動をしていたかに興味がわく。先に寺院社会が果たしていた「戸籍（寺請）・学校（寺子屋）・法要」の三つの機能を挙げたが、明治政府によって「戸籍」と「学校」はすでに取り上げられ、唯一、僧侶に残された「法要」の機能が葬儀法要だと思いたいところだが、じつはこの「法要」には一般庶民の切なる思いが込められていた。

どのような思いが込められているかといえば、この人生行路において生死の大海をどう渡るかという仏教本来の面目である。現代仏教ではこの宗教的な機能面がすっぽりと抜け落ちている。

その理由は明治七年六月に、それまで寺社で行なわれていた医薬の販売（施薬）、医療行為（施療）を禁じるために、「医療・服薬を妨害する禁厭（まじない）・祈禱（おはらい）

の取締」を実施したためである。

明治新政府は維新直後の廃仏毀釈に加えて、幕藩体制を支えた仏教文化と一緒に、仏教寺院との関係が深かった養生医療（和漢方など）をも払拭するため、治療医学としての西洋医学を導入採用した。

この明治政府の西洋医学の導入については、幕藩体制払拭ということばかりではなく、日本が近代化のために開国を急いだため、諸外国との交流による疫病などの蔓延にたいして、養生医療だけでは対処しきれない事実も一方にあった。

とくに安政五年（一八五八）、日米修好通商条約が結ばれた年に、江戸市中ではコレラが大流行し、死者が一〇万人とも二六万人とも出たという。これは通商条約のために入港中の米軍艦のペリー艦隊の四船のうちの一船、ミシシッピー号の乗務員にコレラの患者がいたため、長崎市中でコレラが発生し、さらにそのおよそ二か月後の八月には江戸でコレラが大流行したために、これによって日本の開国が急がれたともいう。

余談だが、大正時代に世界的に大流行したスペイン風邪（インフルエンザ）では、当時の日本の人口五五〇〇万人のうち三九万人が死亡したという事実からも、その恐怖をうかがい知ることができる。

寺社で行なわれていた養生医療と祈願

ところで、それまでの一般庶民は、往々、病気になれば漢方医を受診して漢方薬などを施薬されていたように思われがちであるが、じつは病気になれば寺社へと詣でては養生医療を受診して護符をもらい、加持祈禱によって病気の回復を祈願していたのである。

このような江戸時代の宗教事情をものがたる事例として、仁王門に安置されている仁王像の胎内から闘病平癒の祈願札が、場合によっては数千枚単位で発見されることが多々ある。それが加持祈禱を専門とする祈願寺《きがんでら》であればともかく、ごく一般の寺院でも発見されているのである（「仁王像からお札七〇〇〇枚」『読売新聞』平成二十年一月九日）。

ところが、このような寺社における施薬や施療など養生医療の行為は、明治新政府によって先の幕藩体制と同様に敵対文化として弾圧され、さらに西洋医学者によって「陰陽五行説に基づいた疾病観や祈禱は迷信で愚者の行為である」と退けられて、一方的に西洋の治療医学へと塗り替えられてしまった経緯がある。

日蓮宗の祈禱修法の歴史

日蓮宗関連ではどうであったか、日蓮門下に流布していた祈禱修法（病気平癒の加持祈禱と護符などの施薬を行なう作法）の歴史から見てみよう。

まず江戸初期には、積善房の身延流（山梨県南巨摩郡）と遠壽院・智泉院の中山流（千葉県市川市）の二大門流を形成していたが、これらのうちで積善房と智泉院の門流は、幕末から明治時代にかけて吹き荒れた廃仏毀釈によって廃絶している。この廃絶の決め手になるのが、先の明治七年の取締である。

その吹き荒れた嵐の中にあって、辛うじて法灯を存続できたのは中山門流の遠壽院のみであった。その理由は、当時遠壽院荒行堂（加行所）の住職伝師であった朝田日光師が、遠壽院流の祈禱相伝である毒消しの護符（秘妙符と呼ばれたマジナイの符）を服用して「毒薬を飲んでも死にいたらなかった」からだという。なんとも無謀な話だが、これによって千葉県知事の医薬品扱い許可の鑑札を賜わり廃絶にいたらなかったと伝えられている。

いかにも荒唐無稽なようだが、毒薬を飲んだ逸話の真贋は別にしても、その当時は医薬品扱い許可の鑑札がなければ、寺社などの施薬や施療といった医療行為が厳重に禁止されていたことがわかる。

僧侶や寺院が担ってきた癒しの実際

ところで、このような養生医療の中で、僧侶や寺院が担ってきた癒しの実際はどのようなものだったのか。とくに明治七年の取締が実施されて以降、日蓮門下の祈禱相伝を一手に担うことになる正中山遠壽院が明治三年六月に発した「祈禱改正規則之掟」には、おもしろい文言が見えている。

この改正規則を見ると、明治維新後に寺社で行なわれていた施薬や施療などの医療行為をどう扱うべきか、苦渋の選択を迫られていることがわかる。規則の文言は、まず祈禱相承の権威については伝師（相伝の師）にたいする制誡厳重を誓わせながら、業病や狂気というから、現代でいえば原因不明の難病や精神病などにたいする病気平癒の加持祈禱を依頼された場合には、「遠壽院住職伝師の指示を仰ぎ勝手に執行してはならない」という注意書きが見える。しかし、実際には勝手に加持祈禱が行なわれたようで、この改正規則には別記が追加されている。加持祈禱の修練で遠壽院行堂へと入行を志す者は「総じて一か寺の住職であること、また権中講義以上の僧階で、僧侶になってから（法臈《ほうろう》）二〇年以上経ている者にかぎり試験の上」と入行者の規定が厳しく改められている。

さらにこの改正規則には、「止観病患境《しかんびょうげんきょう》により怠慢なく修学し、苦修練行《くしゅれんぎょう》によって色心清浄にすべきこと」という興味深い一項が挙げられている。そして、その「止観病患境依修学無怠慢」には、わざわざ朱墨がうたれている。これによって何がわかるかといえば、遠壽院加行所《けぎょうしょ》における一百日間の苦修練行が「止観病患境」に則って行なわれていたという事実である。

一般的に加行所（加行prayoga《プラヨーガ》とは、ある一定期間の修行のこと、ここでは修行道場をいう）で切磋琢磨する修行のようすは祈禱相承などの相伝ごとであり、門外不出で世間の目に触れることはまずない。

そこに「止観病患境により怠慢なく修学し」とあるから興味深い。まず、この「止観病患境」は何かといえば、文献的には中国六世紀に天台大師智顗《ちぎ》によって撰述された『摩訶《まか》止観《しかん》』という修行の指南書、その第七章「修正止観《しゅしょうしかん》」第三節「観病患境」のことで、とくにその時代の養生医療である和漢方とも密接に関わるものである。加行所ではこのような養生医療の病因論に従いながら苦修練行が実施され、加持祈禱などの癒しの実際が相伝されていたということは、たいへん興味深い事実である。

これによって、葬式仏教以前の僧侶や寺院が果たしていた役割として、その時代の養生医療の一翼を担っていたことが見えてくるからである。現代仏教の再生を考えるうえで、養生医療の実際がどのようなものであったかを理解する必要がある。

この「止観病患境」には、貝原益軒の『養生訓』のように自然に身をまかせ、無理のない少欲知足の生き方が示されている。修行法によって「こころ」を和やかに保ち、病気になりにくく病気の治りやすい自分をつくるなど、メンタル・ケアに重きをおく養生医療そのものが示されているのである。

じつは、養生医療はメンタル・ケアそのものであり、現代の心理療法に通じるものなのである。このような仏教のあり方が僧院生活によって伝承されてきた仏教であり、明治新政府の仏教弾圧によって崩壊する以前の仏教文化のあり方であったと考えられる。

□寺社の養生医療を禁じた弊害

信仰と医療が支えあいながら機能

このような養生のあり方が僧院生活によって伝承されてきた仏教であり、加行所における加持祈禱などの癒しを支えてきた修行法の実際である。一般庶民が生死の現実を生き抜くためのシステムとして、信仰と医療とは共に支えあいながら機能していたのである。そこでは「医者が捨てたら坊主が拾う」という言葉すら生きていた。たとえ医療としては不治の病であっても、僧侶たちが病者を宗教的な感性で支える全人的な医療が行なわれていたのである。

現代人から見れば、信仰と医療がいっしょくたになっているので、なんとも迷信的な感じがするのは否めないが、実際にはこれこそが宗教的な癒し、全人的な医療である。先に挙げたWHOの「宗教的に健やか」がそこにあったのである。

寺社の養生医療の実状

たとえば、天平二年(七三〇)に光明皇后が創設したといわれる施薬院は、いったん中世になって衰亡したが、豊臣秀吉が再興し、それを江戸幕府が受け継ぐかたちで明治までつづいた。徳川吉宗の時代になると、江戸庶民に馴染みのある養生所と呼ばれる無料の公的な医療機関が町内につくられるようになる。

また、施薬院や養生所のように医療を目的とする施設ばかりではなく、ごくあたりまえの寺社でも病気平癒の加持祈禱が行なわれており、祈禱とともに護符やお札の服用(身につけること)が勧められていた。そこでは貧しい人びとへの施薬や施療などの養生医療がおこなわれ、現代でいえば終末医療まで視座にいれた医療と介護が行なわれていたのである。

江戸時代の庶民と医療の実状は、江戸の町数は一六〇〇余で、町人が五〇万人強というからまさに大都市であるが、医師は町人四〇〇~五〇〇人あたりに一人というから悪くはない。

しかし実際には、経済的に医師の診療を受けられる庶民は極めて限られていた。とくに一般庶民は医療を受診するどころではなく、食事の事情もきわめて悪かった。たとえ大店《おおだな》の奉公人であっても、食事は日に二度の一汁一菜の食事があたりまえで、それに月に一度でもメザシなどの魚類がつけば上々だったのである。

そのため庶民は慢性的な栄養失調で罹病率もかなり高く、奉公人が一度でも病気になれば納戸部屋へ追いやられ、さらに病床が長期になれば食事すらままならず、そのまま放置されて死を待つことになる。たとえ実家へと帰されたとしても、口減らしのために奉公に出た者の居場所はなく、やはり医療すら受けられぬまま死を待つだけであったという。

現代と比較すれば、江戸庶民は想像を絶する四苦八苦の道を歩んでいたのである。

医療と信仰の分離

時代は幕末から明治へと移っても、庶民の諸事情は突如として改善されるわけはなかった。新政府はこのような世情の中で、寺社で行なわれていた医療や加持祈禱は幕藩体制を支えた敵対文化だとして、一方的に西洋の治療医学へと塗り替えていったのである。

先の「医療・服薬を妨害する禁厭（まじない）・祈禱（おはらい）の取締」が実施され、

庶民の癒しを引き受けていた寺社の施薬・施療が禁止されたばかりではなく、そこでは和漢方をはじめ針・灸・按摩にいたるまで、養生医療のすべてが禁止されてしまった。

この新政府が採用した西洋の治療医学は、科学の知にもとづく医師の資格をもつ専門家の治療集団によって実施され、病気の治療のみを目的とするように組織されていた。そこではそれまでの多元的な養生医療は否定され、医療の現場から寺社における加持祈禱や護符などによる養生医療の癒しは迷信として排斥されたのである。

これが何を意味するかといえば、そこでは不治の病に冒された弱者を癒す手立てが失われ、医療の視座が不治の病人から治療可能な生者へと移ったということである。

このように、養生医療では共有されていた信仰と医療が明確に分離されたことで、日本人はこの時点からきわめて徐々にではあるが、宗教的な感性を喪失する運命を背負うことになる。

先に、現代人にとって信仰という「おこない」のイメージは、困ったときの神頼みというような、なにかにすがりつく感じで神さまや仏さまを拝んでいれば、ご神仏の特別なお力によって経済的、健康的に幸せになれる感覚だと言ったが、それはこの運命のことを言ったのである。

一四〇年の歳月をかけて日本人の心象は、現在のような現世利益的な信仰へと、宗教ごとに寄せる気分が変節してきたのである。

日本人は、養生医療によって生老病死の全体を癒してきたと言っても過言ではない。生老病死のはざまで生きる庶民の苦しみを癒してきた寺社の養生医療が失われたことで、信仰という宗教ごとの世界から「生老と死のサイクル」をつなぐ「病苦」が突如としてもぎ取られてしまった。そうして、生老も死もすべて観念化されてしまった。なぜなら、本源的に生老病死という四苦の現実は、生老を生きる過程と死の結果とが、「病苦」によってつながっているからである。

この事実は、現代の医療現場が如実にものがたっている。たとえば、私たちは日常の家庭生活を、あたりまえのように家族そろって「生老」のふるまいのままに送っている。そして、もしその家族の中で誰かが重篤な病にたおれれば、そのまま病院へと運ばれて家庭の中から「病」は隔離されて見えなくなる。

もしその病が不治であれば、そのまま病院で死を迎えることになる。実際に現代人は、その九〇パーセントあまりが病院で死を迎えている（このように書くと、一〇パーセントは家で看取られると思われがちだが、実際には事故などで病院へも辿り着かない人がほとんどである）。

さらに、病院で臨終を看取られた病人は骸《むくろ》となってはじめて家族のもとへと帰るが、それは家族にとっては「病」の結果であって、とくに子どもたちは家庭生活の中で病苦の現実を直視することなく、観念的な病苦を通じて「死」と遭遇するだけであり、病苦につづく死苦の実際については、なにも伝わらなくなっているのである。

近ごろ行なわれた小中学生への命に関する調査などの「死者が生き返るか」の問いにたいして、一五パーセント以上の子どもたちが「生き返る」と答えているという（『心を育てる道徳教材集』長崎県教育庁学校教育課、平成十七年三月）。これらの調査によって教育関係者らは一様に、コンピューターやテレビゲームなどの禍害を挙げているが、先に見たように子どもたちにとって身近な病苦が観念化されたことで、具体的な生老も死も希薄化してしまったのである。

ご利益信心への変節

このように、寺社における宗教的な「おこない」と医療が明確に分離されたことで、日本人はそれまで宗教ごととして営まれてきた生老病死の四苦のサイクルを断ち切られ、突如として宗教ごとに寄せる気分が大きく変節してしまったのである。

そのために、現代の多くの宗教が「ご利益信心」を目玉にして勧誘し、その口上を聞けば、曰く「あのお経より、この法華経に功徳があるから」という具合になってしまい、それこそ「ねえねえ、あの人なにか信心しているんですって！」というふうに、その信仰のあり方に違和感を抱いていても、その気分が何に由来するのか気づかず、なんとも宗教ごとに寄せる気分が釈然としないのである。

現代人のご利益信心の極みは、宗教的な詐欺にはっきりと見て取れる。宗教的な行為によって「不治の病が完治する」、「経済的に恵まれる」というふれ込みを妄信し、手遅れになって死期を早め、さては経済的に破綻するなど、自身の妄信を省みることなく告訴に踏み切る事例などが、つねに新聞紙面を賑わせている。

先の「医療・服薬を妨害する禁厭（まじない）・祈禱（おはらい）」によって、庶民の癒しを引き受けていた寺社の加持祈禱、お札や護符の服用から養生医療までもが禁止され、生老病死の四苦から病苦が排除されたために、日本人は医療制度の中で病気が治っても、人は死ぬという現実が見えなくなってしまったのである。

日蓮宗の祈禱寺院でも、法華経の祈りは三世両重《さんぜりょうじゅう》のはずであるが、現在では現世安穏《げんぜあんのん》の祈りは強調されるが、同時に後生善処《ごしょうぜんしょ》の祈りはほとんど語られなくなっている。現代人がこの世的なことだけ、現世の幸せの追求のみに始終している事実をうかがい知ることができる。まさに元気で、豊かで、長生きが、人生の目標になっているのである。

ところで、西洋の治療医学が病気の治療のみを目的とすると言ってしまったが、それは明治新政府が敵対文化であった幕藩体制を崩壊させるために行なった施策の結果であって、治療医学そのものの問題ではない。

事実、キリスト教文化圏の病院には、チャプレンと呼ばれる牧師などの聖職者が常駐しており、患者の要請に応じて、病気平癒の祈禱などをしている。とくにイギリスでは信仰治療などを含む代替医療や、司祭や牧師のヒーラーによる病気平癒の祈り健康にも保健が適用できるようになっているという。

このあたりのことは、日本では宗教ごとに寄せる気分が変節してしまったために、かなり遅れているのである。

□仏教文化の断絶が明らかになってわかること

これまで見てきた仏教文化の断絶について、もう一度整理してみよう。

まず「**廃仏毀釈に始まる仏教文化の断絶**」では、仏教文化の断絶は廃仏毀釈によって始まったことが明らかになった。明治新政府は、明治天皇による王政復古（君主政治体制）を樹立するため、仏教公伝以来、ほぼ神仏習合の信仰形態として伝承されてきた仏教文化を、国家権力によって神仏を分離することによって、一方的に国家神道へと塗りかえていったのである。

この時代に始まる仏教文化の断絶によって、幕末には四五万か寺を誇っていた仏教寺院数が、廃仏毀釈後は一五万か寺へと激減してしまう。その多くは打ち壊しになったか、近隣の寺と合寺させられたか、打ち壊しを恐れて神宮を名乗ったか、いずれにしてもこの時点から日本人の宗教ごとに寄せる気分が大きく変節したことは明らかである。

さらにこの神仏分離によって、日本仏教は伝統的な神仏習合の仏教を失ってしまった。

宗教ごとの伝承とは、観念的な知識の伝達ではなく具体的な宗教儀礼という身体技法の伝達だから、神仏分離によって伝統的な宗教儀礼が強制的に偏曲させられたところから、日本の仏教文化の断絶が始まったのである。

「**寺院社会の経済的危機と葬式仏教**」では、現代仏教が葬式仏教となった経緯と、僧侶の出家というあり方が否定されたことが明らかになった。明治新政府は寺院社会の経済基盤を担っていた領地を国有地化するという弾圧を背景に、戸籍法制定、寺請制度廃止、葬儀埋葬法制定という一連の法令を発布することで、これまで宗教儀礼として行なわれていた葬儀法要が、戸籍を抹消するための行政的な儀礼へと変化した。

これによって、江戸時代までの寺請制度を基調とする檀家制度から、明治維新後の檀家制度は「家」を中心とする祭祀相続の葬儀法要を基調とする檀家制度へ、葬式仏教へと変化した。これは宗教ごととしての葬送儀礼が、パフォーマンス（演技）として扱われるようになったことを意味する。

さらに、戸籍法によって僧侶にも強制的に苗字を名乗らせることで、事実上、出家のあり方が否定され、在家と同様の扱いをされるようになってしまったのである。

「仏教の宗教的な崩壊の始まり」では、僧尼令の廃止によって仏教の宗教的な権威が崩壊したことが明らかになった。この廃止は国家が僧侶の破戒行為を国法で処罰しないと言っただけであって、それをあえて奨励したり、まして強要しているわけではない。

もともと僧侶の戒律についてはそれぞれ重要な規定があり、僧侶になろうとするほどの者は、初めから十分それを知ったうえで身をその世界に投じていたはずだが、戸籍上で在家と同様に扱われているように、僧侶の生活ぶりも、出家を維持することができずに在家化してしまった。

とくに、それまでは出家によって士農工商の四民という氏素性を越える僧侶になったが、これ以降、僧侶は宗教ごとの職能者、宗教ごとを職業とする平民として扱われ、さらに宗教ごとに携わる僧侶が徴兵され戦地に出兵することになったのである。

「寺院社会の解体が始まる」では、新政府の政策は仏教弾圧から仏教統制へと転換が図られ、神仏併合大教院が設置されると仏教の思想的統制が開始され、寺院社会が解体したことが明らかになった。

この大教院の「一宗一管長制」によって、各門流は一宗派名を名乗ってまとまるように強制された。とくに天台宗・真言宗・浄土宗・禅宗・時宗・真宗・日蓮宗の七宗には通達が出され、この時期に初めて統一された一宗派として成立するようになった。それまでの各宗派は、現在のように一宗派として統一されたものではなく、宗派内はいくつかの門流として併存していたのである。

ところが、仏教の宗教的な伝承性は、各宗派の各門流の中で伝承されてきた読経や回向など、およそ僧院生活の着衣喫飯にわたる作法そのものだから、各門流の意向を無視し強制的に一宗派としてまとめられることは、各門流の伝承の断絶という寺院社会の解体を意味する。

さらにこの大教院によって、事実上、寺院では仏教の教義が説けなかったばかりか、仏教用語までも使用が禁止されるなど統制が進んだ。その最中、大教院開院が行なわれ、大教院の公職にあった荻野、大谷の僧侶は、すでに神仏判然によって僧侶の神祭式典への参加が禁止されていたため苦渋の選択を強いられ、僧衣を改め神官の制服を着装して神饌供奉の式典に出席した。世間は仏教が国家神道の軍門に下ったことを知らされ、寺院社会の解体が世間の目に晒されたのである。

「**仏教の学問的な再編成と仏教文化の致命的な状況**」では、それまで僧院生活によって伝承されてきた仏教が解体し、西洋哲学を基軸とする学問的な仏教への再編成が始まったことで、仏教文化が断絶したことが明らかになった。

本来、仏教の学問所は檀林と呼ばれ、その僧院の中では行学兼備の修養生活が営まれ、出家者が伝承ごととして伝えてきたものが仏教本来の学び方であった。しかし、西洋化した教育制度によって伝統的な檀林が廃止され、仏教が観念的な思惟によって哲学的に講じられていくことになる。

その端緒となったのが、東京大学へと集約される教育制度への変化だった。このような教育制度の転換によって、寺院社会に直接影響が出るのは、各宗派別の大教院（のちの宗門大学）の設置が義務づけられてからである。各宗派はすでに「一宗一管長制」によって宗教ごとの要である各門流の伝承が途絶えたため、寺院社会は解体が進んでいた。それに加えて、各門流が一宗派へとまとまるために各門流の伝統的な学問所であった檀林を廃し、大教院という統一された教育制度への再編成が行なわれた。

この再編成によって、僧院生活によって伝承されてきた仏教が、ドイツ観念論による哲学的な仏教、学問的な仏教へと変質したことで、仏教文化が致命的状況になったのである。とくにその根幹となる論理学はロジック（Logic）の訳語で、本来ギリシャ語の「神の言葉」であるロゴス（Logos）にその語源があり、聖書（神の言葉）を理性的にどのように理解し論証するかの学問である。その論理学によって仏教が理性的に理解し解釈されることは、仏教の学問化であると同時に、仏教のキリスト教化でもある。

そこでは僧院生活によって伝承されてきた仏教者の宗教的情操の獲得は置き去りにされ、僧侶としての然《さ》したる修道生活も経ずして、宗門大学で学問的に仏教学や宗祖の教学を学ぶだけで僧侶になれる、出家者になれるという感覚になっている。これこそが寺院社会の解体、仏教文化の断絶そのものなのである。

「伝統教団における伝統性」では、現代仏教のそのほとんどが、たとえ伝統教団と称していても、それは入れ物としての宗団組織のことであり、明治時代に崩壊が始まり昭和二十年の敗戦とともに終焉を迎え、昭和二十七年ごろに新宗教法人法の下に登記され、行政的に再編成された宗団組織である。まさに伝統教団とは名ばかりの宗団で、その歴史はわずか六〇年に満たないことが明らかになった。

とくに日蓮宗では、昭和二十六年の宗本一体の体制から同二十九年の民主的な宗制への改正を通じながら、逸早く包括法人としての宗教法人日蓮宗を組織した。そして、各都道府県に登記された日蓮門下の寺院を日蓮宗として包括し、全国の管轄区域（管区）に宗務所を設置し、その管区内（管内）の寺院・教会・結社の統轄を図った。そして、この変化によって、それまでの本山と末寺という由緒や故事来歴による寺院運営から、日蓮宗宗制（日蓮宗宗憲・日蓮宗規則・日蓮宗規程）にもとづく法人運営へと大きく転換したのである。

ちなみに、現在の寺院運営の実際を見れば、日蓮宗では住職は宗教法人の代表責任役員で、法人から給与所得をいただくサラリーマンである。まさに、現代仏教の寺院は会社運営となっているのである。

「明治時代以前の僧侶や寺院の役割」では、幕末まで寺院社会が果たしていた「戸籍（寺請）・学校（寺子屋）・法要」の三つの機能のうち、明治新政府によって「戸籍」と「学校」はすでに取り上げられ、唯一、僧侶に残された「法要」の機能が葬儀法要だが、じつはこの「法要」には養生医療としての機能が含まれていた。現代仏教ではこの宗教的な機能面がすっぽりと抜け落ちているが、その理由は幕末まで寺社で行なわれていた医薬の販売（施薬）、医療行為（施療）を禁じるために、明治七年六月に「医療・服薬を妨害する禁厭（まじない）・祈禱（おはらい）の取締」を実施したことによることが明らかになった。

新政府は維新直後の廃仏毀釈に加えて、幕藩体制を支えた仏教文化と一緒に、仏教寺院との関係が深かった養生医療（和漢方など）をも払拭するため、治療医学としての西洋医学を導入採用した経緯が見える。とくにこの養生医療のあり方は、僧院仏教の修行生活（『摩訶止観』第七章「修正止観」第三節「観病患境」）として伝承されたものだった。

養生は、貝原益軒の『養生訓』のように自然に身をまかせ、ゆったりと少欲知足の生き方をして、修行生活によって「こころ」を和やかに保ち、病気になりにくい自分、また病気の治りやすい自分をつくることで、ここにメンタル・ケアに重きをおく養生医療そのものが示されている。
これが、新政府の仏教弾圧によって崩壊する以前の仏教文化のありようであった。

「寺社の養生医療を禁じた弊害」では、「医療・服薬を妨害する禁厭（まじない）・祈禱（おはらい）の取締」の通達以降、現代に至るまで、庶民の癒しを引き受けていた寺社の施薬・施療が禁止されたばかりではなく、そこでは和漢方をはじめ針・灸・按摩にいたるまで養生医療のすべてが禁止されたことが明らかになった。とくに明治新政府が採用した西洋の治療医学は、科学の知にもとづく医師の資格をもつ専門家の治療集団によって実施され、病気の治療のみを目的とするように組織されていた。

これが何を意味するかといえば、そこでは不治の病に冒された弱者を癒す手立てが失われ、医療の視座が不治の病人から治療可能な生者へと移ってしまったということである。日本人はこの時点からきわめて徐々にではあるが、宗教的な感性を喪失する運命を背負うことになる。生老病死のはざまで生きる庶民の苦しみを癒してきた寺社の養生医療が失われたことで、信仰という宗教ごとの世界から「生老と死のサイクル」をつなぐ「病苦」が突如としてもぎ取られたからだ。そこでは、生老も死もすべて観念化されてしまった。なぜなら、本源的に生老病死という四苦の現実は、生老を生きる過程と死の結果とが、「病苦」によってつながっているからである。

寺社における宗教的な「おこない」と医療が明確に分離されたことで、日本人はそれまで宗教ごととして営まれてきた生老病死の四苦のサイクルが断ち切られ、突如として宗教ごとに寄せる気分が大きく変節してしまった。生老病死の四苦から病苦が排除されたために、西洋的な医療制度の中で病気が治っても、人は死ぬという現実が見えなくなってしまったのである。

このような仏教文化の断絶によって、ついに日本人は宗教ごとに寄せる気分がはっきりわからない状況になったのである。

これが、世間の宗教ごとに寄せる気分が変節してきた歴史的な経緯である。このような仏教文化の断絶によって、私たちの宗教ごとに寄せる気分が曖昧模糊とした、あってもなくてもどちらでもよいもののようになってしまったのである。現代仏教が抱えているさまざまな問題の打開策が効を奏さないのも、仏教文化の断絶と私たちの宗教ごとに寄せる気分の変節が理解できないでいるからである。

これで、現代の寺院関係者が世間から葬式仏教と揶揄《やゆ》されても、どこ吹く風とばかりに意に介さない理由が見えてきたことだろう。仏教文化の断絶と私たちの宗教ごとに寄せる気分の変節が理解できないために、僧侶の仕事は葬儀法要以外に思い至らないのである。葬式仏教といわれるのは、戦後間もない昭和二十二年に農地解放が行なわれ、寺院は明治時代の上知令で残ったわずかばかりの農地をも失ったため、寺院の運営費を習俗として執行される葬儀法要の施収入だけに頼ったからである。まさに、葬儀法要を商品化したに他ならない。

世間から見れば、習俗の葬儀はどの宗派でも僧侶がねんごろに供養してくれれば、亡くなった方、残された方の宗教的なケアはそこで完了する。しかし、そこに戒名料や、葬儀料などお布施の問題が絡んでくると、とくに少子高齢化社会を迎えた現代では、また社会構造の変化によって経済格差が進んだ社会では、それが宗教者の「おこない」なのかと、はっきりとは声にならない声が聞こえてくる。世間の方々が抱いている消費者問題の論議が、その根底にあるからだ。

世間の方々が抱くこの種の違和感について、著名な高僧がどのように弁明しても、寺院側に分が悪い。世間の風評は、お寺は檀家制度の上にあぐらをかいて、葬儀費用が高い、高額のお布施をたびたび要求される、説教・法話ができない云々と、はたまた釈迦・宗祖・開祖方は命がけで仏法の真理を弘められたのはいったいなんだったのか、宗祖・開祖の名を騙《かた》り自らの生活の安定を図るための手段であってよいのだろうか等々、それはもう挙げはじめたら切りがない。

仏教は釈尊の時代から現在にいたるまで、またインドでも中国でも日本でも、すべて生きている人のために教えが説かれ、死を目前にした人に経典を読む「臨終勤行」の作法はあるとしても、死者のために読むお経などは存在しない。追善供養も「故人を敬い尊敬する行為」に転じていくための手段だったのである。

たしかに、仏教教団は葬儀と無関係でなかったが、それはただたんに「死者の冥福を祈るためだけの葬儀」というわけではなかった。

日常的には、自分と無縁であると思っていた死が身近に起こったために、人は「死という厳然たる事実」をしっかりと見つめることになる。そこで仏教のメインテーマである「生老病死」の四苦や八苦（四苦に求不得苦《ぐふとくく》・愛別離苦《あいべつりく》・怨憎会苦《おんぞうえく》・五陰盛苦《ごおんじょうく》）の事実が、ようやく自分自身に意識化されて恐れおののくことになる。

この現実苦から目を背けずに、克服すべき道を切り開き、死を受け入れたとき、死を抱えて生きることができるようになる。こうした生き方に気づく絶好のチャンスとして葬儀が執り行なわれるわけであり、じつは葬式法要も生きている人びとのための儀式ということである。

しかし、仏教文化の断絶によって僧侶自身も宗教ごとに寄せる気分が変節しているために、現代仏教を葬式仏教と言ってはばからない僧侶は多い。

さらに、日本国内には諸般の事情で納骨できずに家庭内に保管されている故人の遺骨が、首都圏だけでも一〇〇万柱とも、二〇〇万柱ともいわれ、今後首都圏だけに限っても年間死亡数が二四万人を超え、その死亡者の約三割以上が新規に墓地や納骨堂などを探すか、または家庭内に置いたままになるという。

日本では葬送儀礼は宗教ごとというよりは習俗で、社会的な習わしとして分け隔てなく葬送儀礼が行なわれて当然のはずだ。それが諸般の事情、とくに経済問題などによって僧侶を頼めない、納骨する場が確保できないというのであれば、まさにいま、葬儀法要を決して商品化しない、仏教の再生が求められているといえよう。

現代仏教の再生

日本人が伝統的な宗教ごとを取り戻し、現代仏教を再生するためには、まずこの葬儀法要の商品化を是正することが急務である。是正するといっても、生やさしいことではないのはわかる。

現在、日本の寺院数はおよそ八万か寺、僧侶の数は三〇万人というが、八万か寺の住職の中で寺で行なわれる葬儀法要だけで自立できるのは、わずかに約三割程度である。それ以外の住職は、数か寺の小寺を兼務するか、本山クラスの大寺院に役課僧として勤務するか、首都圏近郊で檀家の多い寺院の山務員として勤務するかしている。また、まったく別の職種に仕事を求め、土曜と日曜以外は寺院に居住していない住職も数多くいる。いずれにしても、住職の多くはどこかで別の収入源を模索しなければ立ちいかないのが、この世界の現実である。

ならば一度、現代仏教の僧侶は商品化した葬儀法要を離れて、ボランティアとして葬儀法要を営んだらどうだろう。社会的なコンセンサスからいえば、葬儀法要は宗教ごとであっても、そこには正札がぶら下がって値踏みがある以上、葬儀法要は商品化されたということで、それはサービス業と見なされる。

このように、世間の宗教ごとに寄せる気分が変節してしまうと、これ以降、僧侶がどれほどありがたく、どれほど高尚な法話をしようが、どれほど荘厳な法要を行なおうが、それはすべて営業のためのパフォーマンスとして受けとめられるのである。

ボランティアとして僧侶が葬儀法要を行なえば、たしかに経済的には立ちいかなくなるだろうが、世間の宗教ごとに寄せる気分が葬儀法要の商品化から切り離されれば、葬儀法要はそのまま宗教ごととして社会化するはずである。

もう寺院社会を存続させるための葬儀法要の商品化から離れて、宗教ごととしての寺院運営へと切り替えるべき時期に来ているはずだ。世界的な経済危機を背景に、檀信徒の寺離れ、葬式離れ、墓離れの三離れが危機感をもって語られ、また都市部では直葬と呼ばれる近親者のみによる火葬が三割を超えるほどになるなど、商品化された葬儀法要の社会的な購買力が低下しており、早晩に葬儀法要の商品化には限界が見えているから、なおさらである。

宗教ごととしての寺院運営は、先に幕末まで寺院社会が果たしていた「戸籍（寺請）・学校（寺子屋）・法要」の三つの機能を挙げたが、明治新政府によって「戸籍」と「学校」はすでに取り上げられ、唯一、僧侶に残されたのが「法要」の機能であった。私たちはこの「法要」を短絡的に葬儀法要と結びつけ商品化してしまったが、この「法要」にはたんに死者を祭り供養するばかりではない、この人生行路において生死の大海をどう渡るかという仏教本来の面目、一般庶民の切なる思いが込められていたのである。

明治時代までは「医者が捨てたら坊主が拾う」という言葉が生きていたように、寺院は養生医療の現場でもあった。たとえ不治の病であっても、僧侶がその患者を宗教的な感性で支え、死を受容せしめる宗教的に健やかな環境が存在していた。ＷＨＯ（世界保健機構）が宗教に期待したように、この肉体に病気があって不健康であっても、宗教的な感性に支えられ、自分自身がこの世に生を受けた出自にたいするしっかりとした自己認識があれば、宗教的に健やかであり、健康的に人生行路を渡ることができる。

明治時代に生老病死のはざまで生きる庶民の苦しみを癒してきた寺社の養生医療が失われたことで、信仰という宗教ごとの世界から「生老と死のサイクル」をつなぐ「病苦」が突如としてもぎ取られてしまったのである。そこでは生老も死も、すべて観念化されてしまった。

さらに戦後の日本社会では、民主主義という欧米の社会制度によってすべてが学問化されることに馴らされたために、観念的な知識量や情報量を必要以上に増大させ、それを解釈し理解する作業に全能感すら抱いている。

そのため日本人は、医療制度の中で病気が治っても、人は死ぬという現実が見えなくなってしまった。まさに現代人は、この世的なことだけ、現世の幸せ追求のみに始終しているのである。

ここに、宗教ごととしての寺院運営の要がある。この人生行路において生死の大海をどう渡るかという仏教本来の面目を回復させることが急務である。

とくに先に見たような養生医療のあり方は、僧院仏教の修行生活として伝承されてきたもので、養生は貝原益軒の『養生訓』のように自然に身をまかせ、ゆったりと少欲知足の生き方をして、修行生活によって「こころ」を和やかに保ち、病気になりにくく病気の治りやすい自分をつくるなど、メンタル・ケアに重きをおくものであった。それは、僧侶が僧侶の伝統的な宗教生活を実践すればよいことである。先に見た「止観病患境により怠慢なく修学し、苦修練行によって色心清浄にすべきこと」のようにである。

宗教生活といっても、比丘の二百五十戒、比丘尼の三百四十八戒など具足戒をたもつ生活を強いることではない。各宗派の祖師方を範として実践すればよいことである。

おおよそ、宗教生活の規範は決まっている。インドの僧院生活の基本だった、早寝早起きに心がけ、少欲知足の生活に徹し、読経三昧、念仏三昧、唱題三昧、坐禅三昧の修行を怠らなければよいのである。

そうして仏教本来の面目を回復させながら、あとは養生医療の現場として寺院を開放していくだけである。

葬儀法要の執行に臨んでは、それを商品化せずに宗教ごととして、ボランティアとして関わることである。世間の宗教ごとに寄せる気分が葬儀法要の商品化から切り離されれば、葬儀法要はそのまま宗教ごととして社会化するからである。宗教ごとが社会化すれば、葬儀法要を商品化しなくとも、世間の宗教ごとに寄せる気分が高まるために、寺院社会は宗教ごととして物心共に機能するようになるのである。

最後に葬儀法要の商品化という一つの宗教的な事象を取りあげて、現代仏教をいかに再生するべきかを模索したが、いままで私たちは、私たち自身の宗教ごとに寄せる気分についていて、気づかなかったことがあまりに多かった。

現代仏教を理解するためには、日本の仏教がどのように変化しながら現代へと受け継がれてきたかを理解することが必要なのである。まさに文化史的な事実によって、私たちの宗教ごとに寄せる気分の変節をしっかりと理解しないと、現代仏教がつまずいている布教教化の問題点など、その理由がはっきりとしないのである。

本書は、現代仏教がつまずいている理由を明らかにしている。これを知ることが、現代仏教を再生する第一歩である。

明治・大正・昭和の法令発布とその波紋を時系列で並べた年表

（この年表は江戸・東京に限らず、重要事項は全国的な範囲で採録してある。なお明治5年12月2日までの月日は太陰太陽暦で示してある）

○慶応四年（一八六八）

3月13日　祭政一致並びに神祇官再興を布告（太政官）

3月14日　五箇条の御誓文（明治天皇が宣布した明治新政府の五箇条の基本政策）

内裏の仏事諸式を廃する

神祇事務局を置く

神仏判然令　神仏混淆を禁ずる

3月17日　新政府、神社の社僧・別当に還俗を命ずる

3月28日　新政府、神仏分離令発布（神社が仏語を神号とすること、仏像を神体とすることの禁止）

5月10日　幕末以来の国事殉難者と戊辰の役の殉難者の霊を京都東山に祭祀するように布告

6月29日　太政官によって招魂祭執行される

○明治元年（一八六八）

9月8日　明治と改元される

10月13日　天皇東幸（東京着）にあたり、神祇官は御府内の神社十社は准勅祭神社に指定

以下はそれぞれ改称例

山王権現＝勧理院城琳寺を日枝神社

神田明神＝神田山日輪寺を神田神社
芝神明社＝金剛院を芝大神宮
赤坂氷川明神＝聖護院派触頭大常院を氷川神社
根津権現＝昌仙院を根津神社
白山権現＝護念山心光寺を白山神社
亀戸天神社＝天原山東安楽寺聖廟院を亀戸天満宮
富ヶ岡八幡宮＝大栄山金剛神院永代寺を富岡八幡宮
北品川牛頭天王＝正徳寺を品川神社
王子権現＝禅夷山金輪寺を王子神社
10月18日　日蓮宗諸本寺へと三十番神等神祇称号混用禁止を布達、三十番神配祀、曼荼羅中への天照大神・八幡大神の勧請、経帷子への神号使用を太政官が禁止する
12月8日　仏教各宗、仏教護持と邪教排斥のため諸宗同徳会盟を結成する

○明治二年（一八六九）

3月　華族、士族、平民の族称が新設される
6月29日　東京九段に明治維新達成のための犠牲者三五八八柱を招魂社として祀る（後の靖国神社）
7月8日　官制改正、神祇官・太政官の二官をおき、宣教使（祭政一致・惟神《かんながら》を徹底させるための役職）設置
9月　集議院（太政官の諮問機関）で氏子改規則を討議
11月　鹿児島藩領で排仏、寺院一〇六六寺を廃止、僧侶二九六四人還俗
12月　徳川幕府の終焉、門跡法親王の復称、内裏仏式の廃止

12月17日　白川・吉田両家奉斎の八神を神祇官仮神殿に迎え、鎮座祭・鎮魂祭を行なう

○明治三年（一八七〇）

1月3日　大教宣布の詔勅（明治17年まで存続）。要旨「治教を明らかにし惟神の大道を宣揚すべし」
4月23日　政府「宣教使心得書」を定め、皇道主義に基づく国民教化運動を開始し、教導隊を編成
8月9日　民部省に社寺掛設置（10月20日に寺院寮と改称）
8月　信州松本藩で排仏、領民を神道に改宗させる
10月27日　富山藩で排仏、領内の寺院を一宗一寺とする

○明治四年（一八七一）

1月5日　境内を除いて、寺社領を上知、かわって廩米（蔵米《くらまい》）を支給することを決定、その事務の管轄を府県とする（太政官）
1月5日　社寺領上地令出される（社寺領の国有地化・寺領に依存してきた寺院に経済的影響を与えたのは、明治4年1月と8年6月の二回にわたる上地令である。前者は落籍奉還と同じであり、後者は地租改正の一環であったが、寺院の上地は、寺院の経済的基盤に大打撃を与えた）
3月8日　三河菊間藩で浄土真宗門徒三〇〇〇人、護法一揆を起こす
4月4月　戸籍法改正、宗門人別帳・寺請制度廃止される（明治維新は幕藩体制を払拭し日本の近代社会を目指した。それがために戸籍法の制定が行なわれた。それまではその家代々の屋号の襲名が行なわれていて、個人の特定ができない、そのため皆が姓名を名乗る必要があった。村社会、家社会から個人の社会への変革が行なわれたといえる）
5月14日　神社はすべて国家の宗祀たるべきこととし、世襲神職を廃止する

7月4日　大小神社氏子取調規則を定め、これより全国の氏子調査による氏子台帳を作成する
8年8日　神祇官を神祇省とする（神祇官の格下げである）
8月　朝廷、勅願所・勅修法会を廃し、宮中の仏像を泉涌寺（京都市東山区）に移し仏教色を一掃する
10月　葬儀埋葬法制定（翌年自葬を禁じ、僧侶・神官へと依頼するように布告される）
10月3日　宗門人別帳（寺請制度）廃止
10月14日　六十六部を禁止（廻国巡礼の一つで、書写した法華経を全国六六か所に一部ずつ納める行脚僧を禁止した。もとは六部とも略称、はじめは巡礼だったが物乞いの一種と扱われた）
10月28日　普化宗を廃し、その僧を民籍に編入、虚無僧の特権破棄、尺八が一般人の楽器となる

○明治五年（一八七二）

2月　ギリシャ正教会ニコライ、函館より上京して伝道開始
3月14日　神祇官廃止、教部省を設置する
3月15日　教部省、神田明神の祭神（二ノ宮＝将門）に異議を唱える
　一向宗の名称、真宗と改称される
3月18日　元神祇省鎮座の天神地祇八神を宮中に遷座することを決定
3月27日　神社仏閣の地の女人禁制を廃止する
4月25日　僧侶に肉食・妻帯・蓄髪および法要以外での平服着用を太政官が許可する（僧尼令廃止）
4月25日　宣教師を廃し教部省管轄の教導職を設置し、神・儒・仏あげて教導職に任命する
4月28日　教部省、国民教化の基本大綱（教則三条＝敬神愛国・天理人道・皇上奉載）を教導職に示す
5月　教部省は仏教各派の要請により、大教院・中教院・小教院を設置

5月10日　各府県の教導職は一斉に神道の教説をはじめる
6月　僧尼にも一般人と同様に喪に服させた
6月28日　太政官、自葬を禁止、かならず神宮・僧侶に依頼するように布告
7月　教部省、大教宣布の中枢機関として神仏併合大教院設立（神仏合同の布教を統括）
7月　大教院を麹町元紀州侯邸に置く、中教院は各府県に一院ずつ設置
7月8日　香具師の名称廃止される
7月13日　東京府、青山・渋谷に神葬地を定める（青山霊園の起こり、11月28日に雑司ヶ谷・駒込にも設置される）
8月　学制発布（近代学校法令）
8月8日　太政官は神官をすべて教導職に補し、9月には神祇省の事務を引き継いだ教部省を東西両部に分け、それぞれに管長を設置（東京府はいずれにも属さず、伊勢神宮では明治6年1月、東京府下に神宮教会・愛国講社を開き大教宣布に従事した。これは日比谷大神宮の原形である）
8月13日　各神社は小教院となる
8月27日　芝の金地院に神儒仏三学を開講
9月　僧侶に苗字を称せしめ、一般在家（平民）と同様にさせられた
9月3日　一宗一管長の制とする（天台宗・真言宗・浄土宗・禅宗・時宗・真宗・日蓮宗の七宗に、一宗一管長制を定める通達が出された）
9月15日　修験宗を廃止し、天台・真言二宗に所属させる
10月25日　教部省を文部省に合併し、文部卿大木喬任、教部卿を兼務する

11月9日　太陽暦を採用し、明治5年12月3日を明治6年1月1日とする
11月15日　教部省はこの日に僧侶の托鉢を禁止（解禁は明治14年8月5日内務省布達）
11月　神武天皇即位の年をもって紀元とし、即位日1月29日を祝日にすることを決定する
11月　東京府、府下神社数並びに社格調べを実施する
設立された神仏併合大教院によって、神社・寺院・説教所を小教院として三条教則に基づき教導することを命ぜられ、それにより仏教教義は説けず、仏教用語の使用も禁止された
12月　真宗の島地黙雷は「大教院分離建白書」を提出、三条教則批判書を教部省に送り、分離運動を展開

○明治六年（一八七三）

1月4日　人日《じんじつ》以下五節句の一つ（七種粥など）を廃止し、神武天皇即位日・天長節を祝日とする
1月10日　僧侶の位階を廃止する
1月15日　梓巫女《あずさみこ》、市子（神巫・巫子）、憑祈禱、狐下げなどを禁止する（迷信の禁止）
1月　東京府、神官の民籍編入
1月22日　尼僧の蓄髪・肉食・婚姻・帰俗を自由とする
1月　出雲大社敬神講（のち大社教）設立する
2月5日　芝山内に大教院を設置する
神仏の混淆を廃止する
2月6日　神仏併合大教院を増上寺内に移転する
2月9日　教部省、国民教化の要項として「十一兼題」を制定し、「十七兼題」として再配布する
2月10日　教部省、神官・僧侶のほか、有志者が教導職となることを許す

2月14日　神社氏子守札と産子町名を定める
2月24日　キリスト教禁止令の解除黙認（この年の日本在留の新宣教師はその妻を含めて五六人であり、その後11年には宣教師は一〇〇人に達し、19年には教会数一九二・信徒数一万三〇〇〇人、23年には教会数三〇〇、信徒数三万四〇〇〇人に達したという）
3月4日　越前の大野・今立・坂井郡でヤソ教反対を叫び、真宗農民三〇〇〇人、護法一揆を起こす
4月　増上寺、大殿の本尊阿弥陀如来像を台徳院霊屋に移し、代わりに皇祖大神を安置する
5月29日　氏子調べの施行を中止（太政官）
6月　大教院開院の公式法要（皇祖天神をまつる法要に僧衣は許されないため、神仏判然は僧侶の神祭への参列禁止を意味する）
7月13日　山梨県、旧暦盆の廃止を勧告、新潟その他の県でも同様の指示
7月18日　火葬の禁止（明治8年解禁）
火葬禁止の対象となった葬送施設
小塚原　安楽院（天台）　永安寺・西秀寺・教受坊・随円寺（真宗）　称名寺・秀保院・恵日院（浄土）　清光院（禅）　浄光院（真言）　宗源寺・高雲寺・乗蓮寺・宝林寺（日蓮）　深川　霊巌寺（浄土）　浄心寺（日蓮）　砂村新田　阿弥陀堂（浄土）　今里村　芝増上寺下屋敷（浄土）　代々木狼谷火葬場　上落合村　法界寺（日蓮）　桐ヶ谷村　霊源寺（浄土）
8月31日　修成講社（のち神道修成派）設立
9月18日　富士一山講社（のち扶桑教）設立
皇室の豊島岡墓地で葬儀行なわれる
10月15日　伊藤六郎兵衛、登戸で丸山教（富士信仰系）を開教

10月23日　私有地の墓地の新設禁止
10月23日　大教院・中教院規則発布
12月17日　神田神社祠官本居豊穎、府知事宛に将門霊位を別殿に祀りたい旨願書する
12月31日　大教院のある増上寺が放火で炎上

○明治七年（一八七四）

1月20日　僧尼の族籍帰属について規定
2月　融通念仏宗独立
2月　大教院、雑誌『教会新聞』を刊行し始める
2月2日　聖公会ウィリアムス主教、築地居留地に英語学校（後の立教学校）設立
2月13日　東京府知事大久保一翁、将門霊位の別殿移社を許可（遷座祭は明治11年11月挙行される）
3月　教部省、神田神社の「神田大明神」の勅額を外すことを命ずる
3月12日　教部省通達により日蓮宗一致派の派名を公称する
3月13日　法華宗各派の管長設置を公許する（各派ごとに管長を置くことが認められ、日蓮宗一致派と日蓮宗勝劣派に分けられた。一致派は新居日薩を初代管長とし、勝劣派は興門派・妙満寺派、本成寺派・八品派・本隆寺派が交代で管長職を決め、初代管長に八品派の釈日実が就いた）
4月28日　教導職試補以上の資格のないものの説教を差し止め
6月7日　医療・服薬を妨害する禁厭・祈禱の取締を命令
6月22日　東京府、朱引内での埋葬を9月以降禁止し、青山・染井・谷中・小塚原・深川・亀戸に神葬による共同墓地の設置を決定（朱引内とは、御府内のことで、江戸城を中心にして、四

方、品川大木戸・四谷大木戸・板橋・千住・本所・深川以内の地を指す）

7月29日　教部省、仏教各宗その他の民間諸宗教相互間の転宗転派を許す

8月17日　神田神社本殿に大洗磯前神社（茨城県）の祭神少彦名命の分霊を祭ることで、地元の神田っ子大いに反発

9月19日　天皇、板橋蓮沼の大演習視察の帰路、神田神社で「休憩」（神田神社では、この年の9月15日の祭礼は明治17年9月15日まで「中止」、この時点で天皇が東京付近で「拝礼」した神社は靖国神社と大宮氷川神社の二社だけである）

○明治八年（一八七五）

1月　真宗各派の大教院離脱が認められる

2月　真宗各派が大教院より離脱する

3月28日　神道関係の教導職ら、大教院廃止に先立ち神道事務局を組織する

4月13日　神宮以下の神社祭式を定める

5月3日　神仏併合大教院が廃止され、各宗派で大教院の設置が義務づけられる

5月23日　火葬禁止を解禁する

5月31日　火葬場の復活

6月24日　火葬場設置の条件を定める

9月8日　僧尼私度（自由に出家すること）の禁を解く

9月25日　私度禁止の制を解き、得度後、所管の役所に届け出ることにする

11月20日　神仏各管長宛に諭達

社寺の逓禄《ていろく》、米額の制を廃し、金禄に改めるなど、神仏各宗に対し信教の自由を諭達（各

宗派別の大教院・中教院・小教院が設置され、さらに神仏併合の教説の禁止を発令、さらに火葬の禁が解かれ、説法の自由、転宗転派の自由、鹿児島・琉球・支那の開教の自由、隠岐の仏教再興も許される。とくに肉食妻帯勝手たるべしは、従来の禁を解いたことに止まり、宗規には関係ない旨も通達された）

○明治九年（一八七六）

2月2月　黄檗宗復立開山
2月3日　一致派名廃止の伺いを承認、単称「日蓮宗」許可
2月27日　日蓮宗の一致・勝劣二派制崩れ、一致派は日蓮宗と改称、勝劣派は妙満寺など五派に分かれ独立を許される
3月　祭礼・開帳等の風俗取締
4月10日　日蓮宗不受不施派の派名再興および布教を許可
5月18日　寺院旧領逓減禄調べ行なわれる
6月17日　仏像等の東京府管内開帳禁止される
8月20日　東本願寺、上海に別院を創建する（海外布教の初め）
9月5日　江戸時代初期以来、一向宗禁制の鹿児島県で、真宗の布教解禁
10月23日　神道黒住派・神道修成派、神道事務局より分離独立する
11月28日　親鸞に見真大師号贈られる
外来説の地球説と須弥山説の議論が行なわれた

○明治十年（一八七七）

1月19日　教部省・警視庁を廃止して、内務省に社寺局を置く

4月　幕府の藩調書所（開成所・開成学校）が東京大学と改称された（この頃の仏教界の動向として、仏教者は一般に興学・布教の両方面において努力した。西本願寺は学林を拡大させ育英に重きを置き学制を改め、従来の修学・暦学・国学・儒学・破邪学の五科組織を専門・普通の二科組織とし、さらに大教校・中教校・小教校の三校制度とした。東本願寺は高倉学寮を貫練場と勧学所とする。養鸕《うがい》徹定師は知恩院内に華頂学校を開き育英に努める。西本願寺が大学林条例、奨学条例、安居条例、教会条例を発布し、他に類例のない俗人の教養を主とする普通教校を起こし、内外に留学生を派遣し、教学両方面にその陣容を整えた各宗派と同様の施設を完備し、さらに宗制・寺法を定め、教師住職の資格を高めた。曹洞宗は専門学校、智積院は勧学院などを整備する。日蓮宗は先のように大教院を設けている。仏教各宗派はそれぞれの学林を保存するために努力していた。また倶舎論、成唯識論など仏教学、梵語学などの学問的な整備、縮刷一切経をはじめとする仏教文献が整備され始め形になった時代でもある。しかし、その教育方向は大学制度を模倣し一般人を含む教育へと様変わりしていた。実学中心となった）

9月2日　徳川家茂正室静寛院宮（和宮親子内親王）亡くなる

12月8日　神官並びに官・国幣社の神官を祭主・宮司・禰宜・主典・宮掌の諸職にわける

○明治十一年（一八七八）

12月20日　真言宗、新義・古義分立し、各管長を置く

○明治十二年（一八七九）

1月　東京府、禁止中の三河万歳を、御祝儀謡曲の名義で興行を許可する

5月4日　西本願寺大教校開校（後の龍谷大学）

6月4日　東京招魂社、靖国神社と改称する
6月4日　東京招魂社を靖国神社と改称、別格官幣社
6月28日　神社・寺院の実態把握のため、府県にたいし神社・寺院明細帳の調製を命ずる（内務達）
9月29日　真宗に見真の勅額下賜
11月　道元に承陽大師号を下賜

○明治十三年（一八八〇）

田中智学、横浜で蓮華会を結成する
小川泰堂編の木版本『高祖遺文録』刊行
5月　日蓮宗宗務局、『妙法新誌』を発刊する旨番外達書を発する
6月　島田蕃根翁、一切経刊行事業はじまる（明治18年7月終わる）
10月12日　基督教青年会、上野精養軒で野外大演説会開催（最初のキリスト教大演説会）
12月28日　教育令を改正（中央集権を強化）

○明治十四年（一八八一）

1月　神道事務局神殿の祭神をめぐる神道界の内争が激化し、伊勢派と出雲派が対立する
1月25日　内務省、勅命により東京に神道大会議を招集する
2月　東京府、従来禁止中の獅子舞を許可し、営業鑑札を下付する
2月23日　会議の結果、祭神は宮中所斎の神霊と勅裁される
3月21日　日蓮没後六百年につき、総本山身延山久遠寺で遠忌開かれる
6月25日　この遠忌は日蓮宗大教院でも開催する
8月15日　僧侶の托鉢の禁を解き、各宗管長より免許証を交付させる

10月3日　神社・寺院以外の場所（教院・教会所・説教所など）での葬祭執行を禁止する

○明治十五年（一八八二）

1月4日　軍人勅諭発布
1月10日　神社は宗教に非ずとの政府方針で京都の八坂神社は八坂教会説教所と改称
1月24日　神宮の教導職兼補を廃し、葬儀に関与しないものとする（内務達）
府県社以下の神官は明治17年8月まで従来通り（実際には昭和初年まで続く）
3月　不受不施講門派名再興および布教を許可
4月26日　明治16年暦から本暦および略本暦は伊勢神宮より頒布することを決める
4月30日　伊勢神宮、神宮の研究・教育機関として、神宮皇学館を創立する
5月12日　天理教、地元警察の弾圧を受け、礼拝対象の〈かんろだい〉を破壊され、石材を没収される
5月15日　神道事務局より神道神宮派・大社派・扶桑派・実行派・大成派・神習派が独立
6月26日　真言宗より法相宗が独立
9月2日　神奈川県橘樹郡末長村村民三〇人余、隣村久本村でコレラ病死人を火葬にしようとしたのを忌み嫌い、集合して不穏となり、警察官の説諭で解散
9月28日　神道御嶽派、神道大成派より独立
10月15日　曹洞宗大学林専門学本校開校（後の駒沢大学）
11月4日　神道事務局設立の皇典講究所開校式（国典研究と神官養成が目的）
12月　浄土真宗東本願寺、貫練教校を真宗大学寮と改称（後の大谷大学）

○明治十六年（一八八三）

3月15日　教会・講社結集・説教所などの設置条件を緩和、地方庁に届け出をすればよい

○明治十七年（一八八四）

3月　北陸筋の婦人真宗門徒、大谷派本願寺再建用の縄材として、毛髪二五〇〇貫を寄進

5月15日　明治3年より中絶していた京都の葵祭復興する

8月11日　神仏教導職を廃し住職任免などを各管長に委任する（住職の任免、教師の等級進退などを各管長に委任し、各教規・宗制を制定させる。神仏各派管長の身分、勅任官扱いとなる）

9月15日　神田神社祭礼一〇年ぶりに挙行され、山車四六台が勢揃いしたが、昼ごろから台風襲来、全国の死者五三〇人、東京府内の全半壊家屋三二〇〇戸の大災害の中で、山車の大半は破損し使い物にならなくなる。16日の『時事新報』では「大事の大事の宵宮よりして八百八町を荒れ廻りて」とある

○明治十八年（一八八五）

1月　田中智学、立正安国会を創立（後の国柱会）

4月　本願寺大谷光尊法主、神学移入を批判する（京都において本願寺大谷光尊法主は西洋の精神文明の活動を見て、教外神学の移入は日本において有害だと喝破する。学校制度が修学や儒学などの五科組織であったものが、仏教教学の一般化・通仏教化が企てられ、さらに普通教校を創立して広く一般人を招き入れ、一般学科として英語を教授し、仏教学を普及し、仏教教学の組織を近代化し、神学の移入にたいしてひたすら教学の普及に努めた）

5月23日　天理教、神道事務局部属六等教会となり初めて合法化する

6月　日本正教会、教会数八四、信徒数一一二七五人

12月22日　太政官制廃止、内閣制度確立する

○明治十九年（一八八六）

東京大学は帝国大学令に則り帝国大学となる

1月　東京で神・仏式の葬式一切を廉価で行なう東京葬儀社創立

1月11日　神道事務局を神道本局と改組し、教名を神道と称し、以後は教派神道の独立教派となる

2月1日　和歌山に古義真言宗大学林設立（後の高野山大学）

6月7月　東大寺、浄土宗を離れて華厳宗となり独立する

9月　静寛院宮の御遺言「仏葬に依れ」が公表される

○明治二十年（一八八七）

3月　官・国幣社の神官を廃し神職を置く、宮司・禰宜・主典の職制となる

4月10日　天理教、形式上、本部を一時東京に移し、東京府知事より教会設置を許可される

11月21日　金光教、神道本局六等教会となり合法化する

○明治二十一年（一八八八）

8月　本間海解・佐野前励、日蓮宗革命党（改革党）を名のり、廃本合末中心の革命綱領を宣言し、「日蓮宗革命党檄文」を配布する

○明治二十二年（一八八九）

2月11日　大日本帝国憲法が発布される（第一条「大日本帝国ハ万世一系ノ天皇之ヲ統治ス」、第二十八条「日本臣民ハ安寧秩序ヲ妨ケス及臣民タルノ義務ニ背カサル限ニ於テ信教ノ自由ヲ有ス」など、第一章天皇・第二章臣民権利義務・第三章帝国議会・第四章国務大臣及枢密顧問・第五章司法・第六章会計・第七章補則にわたる七十六条よりなる。発令された民法では祭祀財産を家督相続の特権とした。「家」に属する人びとは、家督を受け継いだ家長を

「家」の統率者として中心に据え、その保護を受けると同時に、祖先を祀るという行為によって、家長を中心とする「家」の共同性を強調した）

○明治二十三年（一八九〇）

この年、井上円了博士、東大教授となり、9月10日、村上専精博士が第三代目の印度哲学の講師となる。さらに大正6年11月に印度哲学が勅令による講座として東大に開設されたときの初代教授となる。その後二七年間仏教哲学の興隆に努める。雑誌『仏教史林』を創刊し、日本仏教史綱・仏教一貫論・仏教統一論・大乗仏説論批判等を著わし、明治仏教教学史に一貫する骨組みをつくる

10月30日　教育ニ関スル勅語を発布する（教育勅語発布）

12月27日　神仏説教所以外の説教禁止が解かれる

○明治二十四年（一八九一）

6月　清水梁山、日蓮宗を脱宗、仏教統一会を主宰する

○明治二十五年（一八九二）

1月　久米邦武「神道は祭天の古俗」と提唱して、帝国大学教授を非職となる

大日本仏教青年会の創設（この流れの中に、夏期講習会、日曜学校、少年教化、監獄教誨、婦人会、尼衆会、施療、救貧、聾唖教育、鉄道布教、軍隊布教、工場布教など、キリスト教に模した布教教化が始まっている。また釈尊降誕会や各宗祖降誕会も盛んに行なわれるようになった）

○明治二十六年（一八九三）

9月11日　シカゴで万国宗教大会開催、釈宗演、柴田礼一、土宜法竜等、神仏基各教代表が参加し各

宗の英訳書数万を配布、初めて日本仏教が海外に紹介される

○明治二十七年（一八九四）

2月28日　政府、府県社以下の下級神職を待遇官吏とする（宗教官僚制完成）

8月1日　清国に宣戦布告、日清戦争

身延山久遠寺、日清戦争勝利のため蒙古退治大曼荼羅を宝前に奉安し祈禱会を修す

8月3日　日蓮宗管長小林日董、日清戦争宣戦について戦勝報国の番外諭達を発する（以後、報国義会、戦勝祈禱会・説教会・演説会を全国各地で行なう。軍費を献納。天皇陛下玉体安康国威発揚敵国降伏大祈禱会を全国各地で修す）

○明治二十八年（一八九五）

4月17日　日清講和条約調印、台湾割譲

10月22日　日蓮宗宗務院、日清戦争従軍僧への優待規則を定める

○明治二十九年（一八九六）

この年、井上円了博士が西洋精神文化の移入に対抗し、東洋哲学思想を代表し、帝都に新精神運動を起こす。博士の根本道場は哲学館（後の東洋大学）であり、その思想の傾向は、釈迦・孔子は実際方面の行の指導者、ソクラテス・カントは理論の方面の解の指導者というものだった。仏教にとっては、その教義における再認識の機会を与えた。仏教は宗教として実際に生き、哲学として理想に生き、日本文化の要素として永存する意義があるという。

さらに東京帝国大学は、逸早く印度哲学の名によって、仏教の哲学的な価値を認めようとした。大学は加藤弘之氏の発起で、曹洞宗の師家原坦山師に大乗起信論を講義させる（明

治12年4月)。仏教が俗人の哲学なりと劣視された時代、この講義を聴いた教授、学生も仏教はそれなりの哲学であると認めたという。とくにこの時代には、仏教を西洋哲学と同様に、思想信条として扱うようになった。

4月　官・国幣社は国費を永く供進すべきものとして「国庫供進金制度」ができる

○明治三十一年(一八九八)

10月1日　警視庁令「市内朱引外の寺院」も土葬を禁止する

○明治三十二年(一八九九)

7月27日　内務省、神道仏教以外の宗教の宣布および堂宇・会堂設立に関する規程を定める(これによりキリスト教、初めて宗教行政の対象となる)

8月　文部省は一般教育から宗教を分離し、文部省の規定による学校では課程外であっても宗教上の教育を行なうこと、また宗教上の儀式を禁じた。訓令によって教育と宗教を分離した

○明治三十三年(一九〇〇)

1月21日　宗教法案反対全国仏教徒大会開かれる

3月10日　治安警察法公布(神官僧侶その他諸宗教師の政治結社加入が禁止される)

○明治三十六年(一九〇三)

11月初日　神社寺院仏堂境内地の使用取締規則公布

○明治三十七年(一九〇四)

2月　ロシアに宣戦布告、日露戦争

日蓮宗宗務院、対露宣戦布告の大詔換発につき通達を発する、身延山久遠寺、蒙古退治旗曼荼羅を奉安し国威拡張軍隊安全大祈禱会を修す、臨時報国義会、各地で戦勝国禱会を修

す、軍費を献納する
5月16日　東京で神・仏・基の代表者による大日本宗教家大会開かれ、諸宗教協力・国策支持を決議
8月28日　加藤文雅発願・稲田海素委嘱の開宗六五〇年記念『日蓮聖人御遺文』発行される（別名、縮冊遺文・縮遺・霊艮閣版、『高祖遺文録』をもとにした基本的遺文集、戦時中の日蓮遺文削除問題で絶版となり、昭和42年写真製版で復刻される）
11月8日　佐野前励、元寇記念日蓮聖人大銅像除幕式を挙行

○明治三十八年（一九〇五）

9月5日　日露講和条約調印

○明治四十一年（一九〇八）

10月13日　戊申詔書発布（勤倹節約と国体尊重を徹底）

○明治四十三年（一九一〇）

5月25日　大逆事件大検挙始まる（天皇暗殺事件発覚後の弾圧事件）
8月22日　韓国併合（日韓条約調印）

○明治四十四年（一九一一）

8月15日　清水梁山『日本の国体と日蓮聖人』
※「この七字は即ち本尊の正体なり。この本尊の正体は即ち日本国の天皇にて坐すなり。この事を識らざる学者は父統の邦に迷へる不知恩の畜生なるなり」
8月21日　警視庁、特別高等課（特高）設置

○明治四十五年（一九一二）

2月初日　三教会同

7月30日　日蓮宗管長旭日苗、明治天皇崩御につき諭達を発する
内務大臣原敬、宗教を国家目的にそわせるため、神・仏・基の代表と懇談会を開く
10月　大日本国衛護本尊（奉献本尊）、京都府燈明寺で発見される

○大正三年（一九一四）

6月5日　日本宗教大会開催される
11月8日　日蓮門下七教団、教団合一会議を池上本門寺で開催、教団統合、教育機関の設立実現、交渉委員の選出を決議する

○大正五年（一九一六）

4月22日　大本教、皇道大本と改称する

○大正六年（一九一七）

2月8日　藤井日達、皇居前で七日間唱題修行の後に日本山妙法寺教団を開教する
11月7日　ソビエト政権設立（十月革命）ロシア革命

○大正八年（一九一九）

3月23日　イタリアのムッソリーニ、戦闘者ファッショ結成
4月6日　インドでガンジーの指揮する第一次非暴力抵抗運動開始される

○大正十年（一九二一）

2月12日　皇道大本、不敬罪並びに新聞紙法違反で幹部が一斉検挙される（第一次大本事件）
10月4日　皇道大本、大本教と改称

○大正十一年（一九二二）

4月21日　宮沢賢治、国性文芸会（国柱会）に入会する

9月1日　関東大震災、マグニチュード七・九、死者九万一八〇二人、行方不明四万二三五七人
10月13日　日蓮宗、日蓮聖人の立正大師号宣下の公書を受理する

〇大正十三年（一九二四）

2月19日　清浦首相、神・仏・基の三教代表を招き、国民精神作興・思想について懇談する
5月17日　大学令により立正大学認可され、日蓮宗大学は立正大学へと改称

〇大正十四年（一九二五）

4月22日　国家治安維持法公布される

〇昭和二年（一九二七）

3月3日　明治節（11月3日）を制定する

〇昭和三年（一九二八）

3月15日　日本共産党員大検挙される（三・一五事件）
4月3日　ほんみち教祖、大西愛治郎ら天理研究会会員三八五人、不敬罪で検挙される
4月10日　労働農民党・日本労働組合評議会に解散命令
6月　天皇即位御大典記念日本宗教大会開催される
神・仏・基の三教関係者が集合し、神道精神にもとづく国体の護持を強調、これ以降「皇道仏教」が叫ばれるようになる

〇昭和四年（一九二九）

12月　神社制度調査会制度公布し、神社は宗教にあらずと確認

〇昭和五年（一九三〇）

3月12日　ガンジーの指揮する第二次非暴力抵抗運動開始される

10月18日　牧口常三郎等、創価教育学会設立

○昭和六年（一九三一）

3月20日　10月の決行を目標として日本陸軍の中堅幹部によって計画されたクーデター未遂事件、十月事件

4月5日　妹尾義郎、新興仏教青年同盟を結成

9月18日　満州事変（柳条溝湖事件）

○昭和七年（一九三二）

1月4日　ガンジーの指揮する第三次非暴力抵抗運動開始される

3月1日　満州国建国宣言

6月29日　警視庁、特別高等課を特別高等警察部（特高）に昇格

10月1日　内務省警保局、日蓮聖人遺文中に不敬文句があるとして、龍吟社刊『日蓮聖人御遺文講義』の出版に際し削除命令

○昭和八年（一九三三）

10月4日　日本山妙法寺藤井日達、マハトマ・ガンジーとインド・ワルダにて会見

○昭和九年（一九三四）

6月1日　文部省に思想局設置

11月10日　内務省警保局、『昭和新修日蓮聖人遺文全集』所収の遺文中に不敬文句があるとして削除命令

○昭和十年（一九三五）

10月1日　第4回国勢調査　総人口九七六九万人、内地六九二五万人

12月8日　大本教、出口王仁三郎ら幹部三〇人が不敬罪・治安維持法違反で逮捕（第二次大本教事件）

○昭和十一年（一九三六）

1月20日　大本教の全出版物発禁　3／13内務省は大本教に解散命令　3／18大本教本部の建物が強制破却される

2月　宗教警察を特高警察に移管し、治安維持法違反並びに不敬罪の取り締まり強化

2月27日　東京戒厳令

9月28日　大阪府特高警察、ひとのみち教団教祖御木徳一を刑事事件で検挙

○昭和十二年（一九三七）

4月28日　ひとのみち教団、不敬罪で解散命令

5月　新興仏教青年同盟弾圧される

7月15日　木戸幸一文相、宗教・教化団体代表者に挙国一致運動を要望

7月21日　文部省、思想局を拡大して教学局を設置

7月25日　内閣情報部設置

○昭和十三年（一九三八）

5月5日　国家総動員法施行

○昭和十四年（一九三九）

3月15日　招魂社を護国神社と改称し、神饌幣帛共進の制を定める

4月8日　宗教団体法公布（昭和15年4月1日施行）

○昭和十五年（一九四〇）

1月　皇紀二六〇〇年（戦時国家の確立）

3月16日　宗教団体登記令公布
9月27日　日独伊三国同盟締結
10月1日　第五回国勢調査　総人口一億五二二万人、内地七三一一万人
11月13日　皇紀二六〇〇年奉祝仏教徒大会行なわれる

○昭和十六年（一九四一）

3月　宗教団体法施行後に教派神道一三教派、基督教二教団となる。3／31宗教団体法により仏教各宗派合同し、一三宗五六派が一三宗二八派に統合される。真宗一〇派は反対し従来のままとなる。日蓮宗は本末を解消し三派合同した
3月1日　国民学校令公布
3月10日　治安維持法全面的改正公布（予防拘禁制を追加）
4月11日　曼荼羅国神不敬事件にて法華宗弾圧される
12月8日　対米英宣戦布告
大日本仏教会、仏教徒銃後奉公会を結成、宗教報国を唱えて戦時体制をととのえる

○昭和十七年（一九四二）

1月24日　文部省に国民錬成所設置
2月20日　戦時体制事務局、錬成行軌指導者養成講習会要綱を通達する
2月21日　食糧管理法公布
2月23日　翼賛政治体制協議会結成
4月2日　神・仏・基・回の宗教団体、興亜宗教同盟を結成し、「反皇思想を帰滅して皇道文化創建し、以て聖紀の創造を期す」と宣言

5月20日　翼賛政治会結成（唯一の政治結社）

○昭和十八年（一九四三）

3月18日　戦時行政特別法・同職権特例法公布（首相の職権強化）

4月　日本聖教会弾圧される

6月3日　日蓮正宗関係の藤本秀之助ら、不敬罪で検挙

6月20日　創価学会の牧口常三郎、戸田城聖ら、不敬罪で検挙

9月20日　セブンスデー・アドベンチスト教団関係者、治安維持法違反で検挙

○昭和十九年（一九四四）

3月31日　聖公会神学校、文部省により強制閉鎖

4月2日　日本バプテスト伝道社経営の日本高等女学校校長波岡三郎、陸軍刑法違反で検挙

7月4日　大本営はインパール作戦の失敗を認める（一〇万人中死者三万人、戦傷病者四万五〇〇〇人）

7月7日　サイパンの日本軍守備隊全滅（守備隊三万五〇〇〇人、住民死者一万人）

○昭和二十年（一九四五）

3月10日　東京大空襲（二三万戸焼失、死傷者一二万人）

3月17日　硫黄島の日本軍守備隊全滅（戦死者二万三〇〇〇人）

8月6日　広島に原子爆弾投下（死亡者一五万人以上、被爆者二九万人以上）

8月9日　長崎に原子爆弾投下（死亡者七万人以上、被爆者七万人以上）

8月15日　御前会議にてポツダム宣言受諾、天皇終戦の詔書を録音、玉音放送

9月2日　降伏文書調印

9月19日　各宗派管長、教団統理者会議開催、日本再建宗教教化実践要綱を決定
9月20日　ポツダム宣言に伴う緊急勅令公布施行
10月4日　文部省、戦後宗教教化について仏教各派管長と協議
10月15日　GHQ（連合国総司令部）、「政治的社会的及宗教的自由ニ対スル制限解除ノ件」を発する
10月21日　文部省教学局を廃し、社会教育局に宗教課を置く
11月1日　大日本戦時宗教報国会解体し、日本宗教会発足
12月15日　全国人口調査実施　総人口七一九九万八一〇四人（女性が男性を四二〇人上回る）
　国家神道、神社神道にたいする政府の保証・支援・保全・監督ならびに弘布の廃止に関する覚書（神道指令）が出され、国家と神道の分離を指令、諸宗派にも適用される
12月28日　宗教団体法廃止され、宗教法人令公布施行される
12月29日　農地調整法改正公布（第一次農地改革）

○昭和二十一年（一九四六）

2月2日　宗教法人令の一部改定し、神社を法人に加える
6月2日　日本宗教会を改組し日本宗教連盟設立、教派神道連合会、日本キリスト教連合会も新発足
10月21日　第二次農地改革諸法令公布（7／26閣議で「農地制度改革の徹底に関する措置要綱」を決定、「自作農創設特別措置法」と「農地調整法」）
11月3日　日本国憲法公布

○昭和二十二年（一九四七）

5月3日　日本国憲法施行
10月1日　帝国大学の名称廃止（東京帝国大学は東京大学など）

12月22日　改正民法公布（家制度の廃止）

○昭和二十三年（一九四八）

3月7日　新警察制度発足

4月7日　世界保健機構（ＷＨＯ）発足

5月31日　墓地埋葬等に関する法律公布

7月7日　文部省、教師が公立学校の生徒を引率する寺社訪問、宗教家の校内法話等を禁止

7月15日　宗教行政事務、知事より教育委員会へ移管

○昭和二十四年（一九四九）

6月10日　社会教育法公布

○昭和二十五年（一九五〇）

10月1日　国勢調査実施、総人口八三一九万九六三七人

○昭和二十六年（一九五一）

4月3日　宗教法人法公布される
宗教法人令廃止、宗教法人法施行される

8月23日　立正佼成会、ＰＬ教団等、新日本宗教団体連合会（新宗連）を結成

10月15日　日本印度学仏教学会創立

終わりに

これが、現代の日本仏教を見ていて「何か変だぞ！」という気分が頭をもたげてくる理由の全貌である。この日本人の宗教ごとに寄せる気分の変節を理解しなければ、現代仏教の再生はできないのである。再生の鍵は寺院の養生医療の現場としての機能であり、仏教本来の目的である「抜苦与楽」の宗教機能の回復にある。

ところで、本書を脱稿したところ、ある宗教者の研究会議が「宗教教義と自死」というテーマで京都で開催され、私は宗門の現代宗教研究所から「宗教教義と自死について――自死問題から宗教の社会化を考える――」と題して、いささかの発表をした。自殺者はこの十一年間、毎年三万人を超え社会問題となっている。この会議は、宗教が自死問題にどのように関われるか、何ができるかを模索するものであった。

すでに自死問題の背景には、近年の経済問題や高齢者の増加などの社会的な問題ばかりではなく、科学技術の進歩によって前世や来世という宗教的な情緒性にリアリティーが感じられなくなったことが指摘されている。この意味ではまさに仏教の本来の目的である「抜苦与楽」の宗教機能を回復させることが急務のはずなのだが、そこでくり広げられた議論は、仏典に「自殺の是非」がどのように記載されているかに始終していた。まさにその議論は、宗教者のアリバイ作りであった。

すでに前世や来世という宗教的な情緒性のリアリティーが感じられなくなったことが指摘されているのであれば、宗教者はその宗教的な情緒性を敷衍普及させるべく、各教団が伝承している種々の信行活動を実践しさえすればよいことである。すでに各教団が宗教ボランティアとして自死問題の組織を作り、その窓口から自死問題について教団として対応しています、という世間に向けたパフォーマンスをしている場合ではないはずだ。

会議終了後の懇親会の席で、ある新宗教の幹部に、どうしてもっと宗教的な情緒性を高める信行活動について議論をしないのか、どうして文献的な文言ばかりにこだわるのかと質問すると、

「影山さん、近ごろの信者さんは、宗教的な情緒性などの気分的なことに触れると嫌がるんですよ、理性的でないとね」

と、その実状を吐露してくれた。まさに日本人の宗教ごとに寄せる気分の変節によって、戦後生まれの新宗教団体も、前世や来世という宗教的な情緒性を敷衍普及する手立てを失っていることに気づかされたのである。すでに新宗教団体にもアリバイ作りは蔓延していたのである。こんなところにも本書の存在意義が見えていると感じる。

さらに一言しておきたいことは、本書では「仏教文化の断絶」という言葉をたびたび使っていることである。もし文化が断絶しているのであれば、現代仏教の再生などおぼつかないはずである。たしかに本書は仏教文化が断絶する歴史を文化史的に捉えたものだが、それは文化史的な事実であって仏教そのものの事実ではないということだ。「はじめに」の中で、「日本人にとって宗教ごとは感性の文化だから、そこには『これが正しく、これが誤り』という理性的な判断になじまない気分がある」と言ったように、仏教そのものは私たちにとっては感性の文化だからである。

だからこそ「仏教文化の断絶」という理性的な事実をバネとして、感性の文化である仏教を喚起してほしいのである。仏教そのものを喚起するには、僧侶が僧侶の伝統的な宗教生活を実践すればよいことである。先にも述べたように、おおよそ信行生活の規範は決まっている。およそインドの僧院生活の基本だった、早寝早起きに心がけ、少欲知足の生活に徹し、読経三昧、念仏三昧、唱題三昧、坐禅三昧の修行を僧侶自身が怠らなければ良いのである。感性の文化は「おこない」によって喚起されると確信する次第である。

最後になったが、この出版を快くお引き受けくださった国書刊行会佐藤今朝夫社長、また私のつたない文章の校正を担当しご尽力くださった編集部の畑中茂氏、さらに表紙を美しく飾ってくれたイラストレーターの山口マオさんに、深く感謝し御礼申し上げたい。

著者紹介
影山 教俊（かげやま　きょうしゅん）
1951年　東京生まれ
1976年　立正大学仏教学部仏教学科卒業
1979年　立正大学大学院文学部修士課程仏教学専攻科修了
1994年　南カリフォルニア大学大学院日本校博士課程人間行動学科修了
同　年　博士論文「『天台小止観』の心理学的、生理学的研究」にて米国カリフォルニア州公認カリフォルニア大学学位「人間行動科学博士（Ph.D.）」授与
1997年　日蓮門下祈禱根本道場遠壽院大荒行堂第五行成満
現　在　日蓮門下祈禱根本道場遠壽院大荒行堂副伝師・日蓮宗嗣学・日蓮宗現代宗教研究所顧問・日蓮宗教誨師・社会福祉法人立正福祉会「すこやか家庭児童相談室」室長・仏教瞑想道場主幹・本山《もとやま》人間科学大学院講師（瞑想心理学）
著　書　『日蓮宗とは何か 日蓮宗加行所をめぐる戦後60年の光と影』
『仏教の身体技法 止観と心理療法、仏教医学』（共に国書刊行会）
現住所　千葉県鴨川市貝渚2929 釈迦寺 〒296-0004
URL: http//homepage2.nifty.com/muni/
E-mail: gef02653@nifty.ne.jp

寺《てら》と仏教《ぶっきょう》の大《だい》改《かい》革《かく》　ISBN978-4-336-05150-9

平成21年9月24日　初版第1刷発行

著　者　影　山　教　俊
発行者　佐　藤　今　朝　夫

〒174-0056 東京都板橋区志村1-13-15
発行所　株式会社　国　書　刊　行　会
電話 03（5970）7421　FAX 03（5970）7427
E-mail: info@kokusho.co.jp　URL: http://www.kokusho.co.jp

落丁本・乱丁本はお取替えいたします。　印刷 モリモト印刷㈱　製本 ㈱ブックアート

仏教の身体技法　止観と心理療法、仏教医学

影山教俊著　仏教の教えに身体性をもたせ、真に仏教を体得するための書。近代化のなかで日本人が失った伝統的な感性の文化を取り戻すにはどうすればよいかを、天台止観を科学的に見直し提言する。ISBN978-4-336-04838-7 C3015

四六判・上製カバー装・300頁——定価：本体3000円＋税

日蓮宗とは何か　日蓮宗加行所をめぐる戦後60年の光と影

影山教俊著　日蓮宗はいかにして成り立っているか、伝承ごとの正統性はいずこにあるか、遠壽院行堂と日蓮宗加行所をめぐる問題を《歴史の三つの分岐点》から追究し解明する衝撃の書。カラー口絵6頁。ISBN978-4-336-04735-9 C3015

四六判・上製カバー装・242頁——定価：本体2800円＋税

寺からの手紙　元気をもらう98章　近刊

影山妙慧著　在家から寺に嫁いで二十余年、家族一同、日常茶飯のなかに仏教徒らしい在り方を求めて奮闘する。そこには、一般の人びとがゆったりし、楽しくなれるヒントがいっぱい！　寺からの贈り物。10月刊　ISBN978-4-336-05151-6 C0015

四六判・並製カバー装・190頁——定価：本体1600円＋税